AF542688

RICHARD III.

IMPRIMERIE DE MARCHAND DU BREUIL,
RUE DE LA HARPE, N. 80.

RICHARD III,

TRAGÉDIE EN CINQ ACTES ;

DE

W. SHAKESPEARE.

Conforme aux représentations données à Paris.

Paris.

CHEZ MADAME VERGNE, LIBRAIRE-ÉDITEUR,
PLACE DE L'ODÉON, N° 1.

1828.

PERSONNAGES.

11 Février 1828.

Le roi Henri VI.	M. *Younger.*
Le prince de Galles.	Mlle. *Bathurst.*
Le duc d'York.	Mlle. *Chapman.*
Richard duc de Glocester.	M. *Chapman.*
Le duc de Buckingham.	M. *Mason.*
Le duc de Norfolk.	M. *Grey.*
Le comte d'Oxford.	M. *Burnet.*
Henri, comte de Richmond.	M. *Abbott.*
Lord Stanley.	M. *Burke.*
Le lord Maire de Londres.	M. *Chippendale.*
Sir William Brandon.	M. *Dale.*
Sir Richard Ratcliffe.	M. *Brindal.*
Sir William Catesby.	M. *Spencer.*
Sir Robert Brackenbury.	M. *Forde.*
La reine Elisabeth.	Mlle. *Smithson.*
La duchesse d'York.	Me. *Chippendale.*
Lady Anne.	Mlle. *Pelham.*

RICHARD III.

ACTE PREMIER.

SCÈNE I.

Un jardin de la Tour.

BRACKENBURY *et un* OFFICIER *entrent.*

Brack. Le roi Henri est-il déjà sorti ce matin ?

L'Of. Non, seigneur, mais l'heure de sa promenade approche.

Brack. En quelque temps que ce soit, lorsque le roi vient ici, ayez soin de ne laisser entrer personne dans le jardin. Je ne veux pas qu'on le regarde. (*On frappe.*) Voyez qui est à la porte.

L'Of. Seigneur, c'est lord Stanley.

Brack. Laissez-nous.

(L'OFFICIER *sort.*)

LORD STANLEY *entre.*

Mon noble seigneur, soyez le bienvenu à la Tour. J'ai appris que la nuit dernière vous êtes arrivé, porteur de nouvelles du victorieux Edouard, adressées à l'heureuse reine.

Stan. Oui, seigneur, et je suis fier d'avoir été choisi pour annoncer la fin de nos discordes civiles. Les maisons d'York et de Lancastre, semblables à deux frères dénaturés qui combattent pour un droit d'aînesse, ne déchireront plus le sein de la patrie, leur mère commune, dont les efforts tendaient à les séparer. Edouard est maintenant affermi sur le trône d'Angleterre.

Brack. Le combat s'est passé près de Tewksbury, je crois. Les ennemis ont-ils perdu des hommes de marque?

Stan. J'étais déjà parti, seigneur, avant que le rapport de la bataille fût fait. Mais, lorsque je quittai l'armée, une proclamation du roi ordonnait d'aller à la recherche d'Edouard, fils de votre prisonnier, le roi Henri VI. On promettait une récompense à ceux qui le découvriraient, et on accordait la vie sauve au jeune prince, s'il se rendait.

Brack. Je crains que ce prince, qui ressemble si peu à son père, n'ait le cœur trop élevé pour supporter patiemment une vie d'esclavage. Ces nouvelles seront pénibles pour le roi Henri, car il avait mis tout son espoir dans l'issue de ce combat.

Stan. Le roi Henri est fait au malheur; il s'y soumit toujours avec indifférence, et jamais on ne s'est aperçu qu'il perdît courage. Comment passe-t-il sa vie dans sa prison?

Brack. Comme quelqu'un dont les vœux ne se sont jamais élevés jusqu'à une couronne. Le roi semble mort en lui. Mais l'homme existe encore et soupire quelquefois après la liberté. Il lit, il se promène, et souhaite que le sort lui eût accordé une plus humble naissance, afin de ne pas avoir eu le chagrin de tomber d'un trône.

Stan. N'est-il pas possible de voir ce roi? On dit qu'il parle volontiers aux amis d'Edouard, et qu'il les traite même avec beaucoup d'égards et de considération.

Brack. Voici l'heure de sa promenade; après sa prière du matin, il est rare qu'il y manque (car il jouit en toute liberté du jardin): retirons-nous derrière ce bosquet; nous l'observerons de là sans qu'il nous voie. (*Ils se retirent.*)

Le Roi Henri *entre.*

Le Roi. En ce moment le coup décisif est frappé. Ou bien la reine et mon fils ont remporté la victoire, ou bien j'ai cessé d'être désormais la cause de guerres civiles. Je voudrais être mort, si telle était la volonté du ciel ; car qu'est-ce que l'existence, si ce n'est un enchaînement de soucis et d'inquiétudes ? Et c'est pour trouver ces chagrins cruels que les rois font tant de bruit, et se donnent tant de peines. Notre vie est une chasse de peu de durée ; le gibier que nous brûlons d'atteindre, c'est le bonheur; plus nous le poursuivons, plus il se hâte de fuir. Souvent celui qui s'élance, plein d'un brillant espoir, épuise inutilement les forces de son coursier ; tandis que le pauvre villageois, du haut d'une colline, jouit, à son aise et sans danger, du spectacle de la chasse, et voit le bonheur se réfugier dans son humble chaumière.

Stan. Il paraît bien agité.

Brack. Vous connaît il ?

Stan. Non, et je ne voudrais pas qu'il me connût.

Brack. Avançons maintenant.

(*Ils entrent en scène.*)

Le Roi. Encore une nouvelle humiliation pour l'orgueil ! Cet homme obtint de moi-même son emploi, et aujourd'hui je suis son prisonnier. — C'est lui qui m'enferme, aux heures du repos. Qui aurait pu s'attendre à cet étrange changement, lorsque je le vis à genoux baiser la main qui élevait sa fortune ? Mais cependant il ne faut pas que je m'en plaigne; c'est peut-être à cette circonstance que je dois les égards qu'il me témoigne. — Bonjour, lieutenant, y a-t-il quelques nouvelles ? Qui donc est là près de vous ?

Brack. Un officier qui est venu en hâte cette nuit de Tewksbury.—Nous avons eu une bataille.

Le Roi. M'apporte-t-il des lettres, des rapports ?

Brack. Sire, c'est un officier du roi Edouard, votre ennemi.

Le Roi. Alors il ne me flattera point.—Soyez le bienvenu, monsieur, quoique vous soyez l'ami du roi Edouard; j'ai appris à l'être moi-même. Vous avez gagné la bataille, n'est-il pas vrai?

Stan. Oui, sire ; vous n'en connaîtrez les détails que trop tôt.

Le Roi. Si j'ai tout perdu, je ne puis le savoir trop tôt. — Je vous en prie, parlez : ma femme? mon fils? dites-moi, monsieur, sont-ils en vie?

Stan. Depuis mon arrivée, sire, un autre courrier nous a donné la nouvelle que la Reine et votre fils sont prisonniers à Tewksbury.

Le Roi. Que la volonté du ciel s'accomplisse!— Les chasseurs les ont enfin en leur puissance. Je n'ai d'autre secours à offrir que mes larmes et mes prières!

Stan. Sire, le roi Edouard compte sur son épée, et cependant lorsqu'il est victorieux, il en remercie humblement le ciel; les soldats aiment un chef actif et valeureux. La fortune, comme les femmes, veut être serrée de près; les Anglais sont pleins d'ardeur, et ce n'est pas chose facile de les dompter.—Le roi Edouard a leur caractère; il sera difficile de le subjuguer.

Le Roi. Hélas! je croyais que c'étaient des hommes, et j'espérais gagner leurs cœurs plutôt par la douceur que par la sévérité. Lorsque sur les portes de la ville, je vis se dessécher au soleil les membres d'un traître, mon sang se glaça d'horreur; je fis ôter ces tristes débris, et en les enterrant, j'ensevelis en même temps la mémoire des crimes de l'homme. Peut-être ces sentimens de pitié me donnèrent-ils un aspect moins terrible; les rois sont responsables pour toute l'espèce humaine; quand on les outrage, qui pourrait-être à l'abri de l'insulte? S'il en est ainsi, j'ai mérité ces revers de fortune.

Un OFFICIER *entre.*

L'Off. Monsieur, un gentilhomme apporte un ordre qui l'autorise à voir le roi Henri.

Brack. Je me rends près de lui.

(*Il sort avec l'*OFFICIER.)

Stan. Ses affaires exigent peut-être un entretien

articulier; je vous laisse, sire, et je vous souhaite tout le bien que je puis vous souhaiter. (*A part.*) Ne pas lui faire de mal, c'est le servir.

(*Il sort.*)

Le Roi. Adieu! Qui peut être arrivé? Un froid subit, semblable au froid de la mort, coule dans toutes mes veines: je redoute quelque horrible nouvelle!

BRACKENBURY *rentre.*

Qu'est-ce, cher lieutenant?

Brack. Un officier, sire, qui vient de Tewksbury: il paraît livré à la tristesse. Lorsque je lui demandai quelles nouvelles il apportait, sa réponse fut un profond soupir: je ne pouvais le presser davantage; mais je crains qu'elles ne soient funestes.

BRANDON *entre.*

Le roi. Funestes en effet! Ce front soucieux me semble la première page d'un tragique volume. Dis, mon ami, comment se trouve la reine? mon fils? Tu trembles, et la pâleur de tes joues explique mieux que ta langue ton triste message. De même un soldat, abattu, défaillant, accablé par le malheur, les yeux égarés, la mort sur les lèvres, s'approcha de la couche de Priam, au milieu d'une sombre nuit, pour lui annoncer que la moitié de sa chère Troie était déjà la proie des flammes. Mais Priam vit l'incendie, avant que le soldat ne trouvât la parole; et moi, je vois la mort de mon malheureux fils, avant que tu me l'apprennes. Tu pourrais me dire : votre fils fit telle et telle action, la reine en fit telle autre : le vaillant Oxford se battit ainsi : tu étonnerais mon oreille par le récit de ces haut faits. Mais (pour étonner en effet mon oreille) tes soupirs détruisent cette gloire et me répètent enfin : femme : fils, serviteurs, tout est mort.

Brand. Et cependant la reine vit, ainsi que plu

sieurs de vos amis; mais quant à mon seigneur, votre fils.....

Le Roi. Quoi? est-il mort? Je t'en conjure, réponds-moi; dis que mes pressentimens me trompent; ose me démentir; et je te remercierai de cette douce offense.

Brand. Je voudrais le pouvoir, sire : mais vos craintes n'étaient que trop fondées.

Le Roi. Non, non; ne me dis pas que mon fils est mort.

Brand. Sire, je suis désolé de devoir vous apprendre ce que je souhaiterais n'avoir jamais vu! Dans cette dernière bataille, près de Tewksbury, votre fils, dont l'ardeur inspirait du courage au plus lâche de l'armée, se porta toujours à l'endroit où le danger se montrait. Jamais un jeune héros plus vaillant ne guida son coursier au son de la trompette. Mais qui peut commander aux chances de la guerre? Le roi Edouard finit par rester maître du champ de bataille couvert de sang; et la reine, ainsi que votre fils, devinrent ses prisonniers.

Le Roi. Oh! arrête! oh! de grâce! ce prologue m'annonce une tragédie trop fatale. Il mourut prisonnier, dis-tu? mais comment? expira-t-il de douleur? ou bien reçut-il la mort des sanglantes mains qui s'étaient emparées de lui?

Brand. Après le combat, Edouard triomphant voulut voir le prince captif : le prince fut amené devant lui. Edouard lui reprocha durement sa conduite; il lui demanda quelle réparation le jeune héros lui ferait pour avoir pris les armes, et pour avoir excité les Anglais à la révolte. Votre fils, impatienté de ses injures, lui répondit : « Prosterne-toi, et parle en sujet, orgueilleux York! Imagine-toi entendre dans ma bouche la voix de mon père, qui t'adresse les mêmes paroles et t'accuse de rébellion. Réponds toi-même, traître. » Irrité par ce discours, et par d'autres encore, le roi Edouard, poussé à bout par l'audace du jeune prince, le frappa de son gantelet au visage, avec colère; alors Richard, Clarence et d'autres seigneurs lui enfoncèrent leurs poignards dans le sein. Je l'ai vu tout sanglant étendu sur la terre, pour ne jamais se relever.

Le Roi. Oh! si, à chaque parole, tu m'avais plongé des poignards dans le cœur, ces blessures m'auraient moins fait souffrir que tes récits. Mais, dis-moi, tous, tous l'ont-ils frappé?

Brand. Tous, sire; mais le duc Richard fut le premier.

Le Roi. Puisse-t il s'arrêter là! que ce soit là son dernier crime! Oh! barbarie! Hommes sans pitié! Le tuer ainsi, contre toutes les lois de la guerre! N'était-ce pas assez qu'il eût perdu les droits de sa naissance? votre haine devait-elle lui arracher la vie? Vous n'avez pas d'enfans, exécrables bourreaux; si vous en aviez, leur souvenir eût excité vos remords.

Brand. Prenez courage, sire; espérez des jours plus heureux.

Le Roi. Oh! qui peut supporter un fer brûlant dans la main, en songeant au froid Caucase? Qui peut, dépouillé de vêtemens, se rouler dans la neige du mois de décembre, en portant ses souvenirs sur les chaleurs de l'été? Loin de moi! Par le ciel, je détesterai l'aspect de tous ceux qui m'engageront à me consoler! Si tu veux flatter ma douleur, je te remercierai; mais quoi! tu es sensible en effet! Ces larmes sont un baume pour moi.

Brand. Hélas! seigneur, je crains que vous n'ayez encore un autre malheur à redouter.

Le Roi. Eh bien! qu'il vienne. A peine si je le sentirai à présent. Que pourrait-ce être?—Donnez-lui la forme la plus horrible. — O mon malheureux enfant!

Brand. Un mot suffira, seigneur; je lui donne la forme de Glocester.

Le Roi. O! vraiment horrible! Dis-moi d'abord ce qui me menace.

Brand. Après avoir assassiné votre fils, Richard sembla ne pas être rassasié des blessures qu'il venait de lui faire ; les mains encore ensanglantées, il s'éloigna précipitamment de ses amis. Clarence lui en demanda la raison. Mon frère, répondit-il d'un air sombre, il faut que j'aille à la tour; j'y ai une affaire importante; excuse mon absence auprès du roi. Avant que tu sois rentré à Londres, compte que tu apprendras des nouvelles. Il disparut, et j'apprends qu'il est déjà ici.

Le Roi. Alors le terme de mes malheurs est arrivé; car les crimes, à peine conçus par Glocester, sont à moitié consommés.

BRACKENBURY *entre, un ordre à la main.*

Brack. Pardonnez, sire; mais je suis forcé d'obéir : je reçois l'ordre de vous renfermer étroitement.

Le Roi. De qui vient cet ordre, mon cher lieutenant ?

Brack. Sire, du duc de Glocester.

Le Roi. Bon soir, mes amis; j'obéis. A présent, fidèle serviteur, suppose-moi à mon lit de mort, et reçois mon dernier adieu. Allons, retiens tes larmes jusqu'à ce que je ne sois plus; et lorsque, dans de longues nuits d'hiver, tu veilleras avec de bons vieillards qui raconteront les tristes histoires des temps passés, rappelées aujourd'hui par nos malheurs, avant de les quitter, pour entretenir leur douleur, raconte-leur ma déplorable chute; et que chacun de tes auditeurs aille baigner sa couche de ses larmes. (*Ils sortent tous.*)

SCÈNE II.

La Tour.

RICHARD DE GLOCESTER *entre.*

Glo. Enfin le soleil d'York change en glorieux été l'hiver de nos disgrâces : et les nuages qui couvraient notre illustre maison, sont ensevelis dans le sein profond de l'océan. Maintenant, notre front est ceint des guirlandes de la victoire; nos armes brisées, suspendues en trophées, servent de monument à nos exploits, et le bruit de nos marches guerrières s'est changé en concerts d'allégresse. La guerre au visage affreux adoucit les rides de son front menaçant; au lieu de monter des coursiers revêtus de l'armure des combats, et de porter l'effroi dans le cœur de nos ennemis, admise aujourd'hui dans les cercles de nos dames, elle danse d'un pied léger aux sons d'un luth voluptueux. Mais moi, qui ne suis point formé pour ces jeux, ni pour caresser de l'œil une glace amoureuse; moi, qui grossièrement taillé, ne puis déployer les grâces de la galanterie devant une nymphe folâtre et légère; moi, en qui la perfide nature a mutilé les belles proportions; moi, à qui elle a malignement refusé des traits et une physionomie, objet défiguré, imparfait, jeté avant le terme sur le monde, à peine à demi ébauché, et encore d'une manière si défectueuse et si bizarre que les chiens mêmes aboient après moi, en voyant ma marche inégale; moi, qui, dans ces ébats efféminés de la paix, n'ai aucun plaisir où je puisse occuper mes loisirs, à moins que je ne passe mon temps à suivre mon ombre au soleil, et à contempler dans tous ses détails ma propre difformité; eh! bien, puisque sur la terre je ne puis trouver d'autre jouissance que celle de tourmenter, de dompter, et de renverser ceux qui sont plus heureux que moi; puisque le monde n'est pour moi qu'un véritable enfer, jusqu'au moment où la tête de ce tronc difforme sera couronnée d'un brillant diadème....... Mais ce diadème est à une si grande hauteur! oh! j'aurai besoin de toute l'énergie de mon âme pour y atteindre! N'importe, je veux l'essayer; je monterai sans crainte et sans remords, et la tête de Henri me servira de marche-pied.

(*Il sort.*)

SCÈNE III.

Une chambre de la Tour.

LE ROI HENRI *endormi.* BRACKENBURY *entre.*

Brack. Il dort déjà ! Mais l'affliction ne connaît pas les époques de la journée; le matin, le midi et le soir, tout lui est égal. Elle aime toute heure qui lui procure du relâche.

Le Roi. Qui est là ? Est-ce vous, cher lieutenant ? Approchez !

Brack. Vous frémissez, seigneur; vous semblez épouvanté !

Le Roi. Oh ! j'ai fait un rêve affreux ! si affreux, que de la vie je ne voudrais passer encore une pareille heure, dussé-je à ce prix acheter une éternité de jours heureux. Donnez-moi ce livre; j'essaierai, en lisant, de me distraire de mes tristes pensées.

GLOCESTER *entre.*

Glo. Bonjour, seigneur; quoi, si profondément absorbé dans votre lecture ! Je vous dérange peut-être.

Le Roi. Oui, en effet.

Glo. (*à Brack.*) Mon ami, laissez-nous seuls; nous avons à conférer ensemble.

Le Roi. Quelle scène de mort Roscius a-t-il à jouer ! (BRACKENBURY *sort.*)

Glo. Le soupçon décèle toujours une âme coupable; le brigand croit voir le prévôt dans chaque buisson.

Le Roi. Dans les endroits où les malfaiteurs volent et tuent impunément, le voyageur croit voir un brigand dans chaque bosquet. Le pauvre oiseau, qui une fois déjà s'est laissé prendre au piége, agite ses ailes de crainte, et se défie de chaque arbuste; et moi, père infortuné d'un innocent oiseau, j'ai maintenant devant les yeux le piége fatal où mon jeune fils fut pris et tué.

Glo. Qu'il était insensé ce Crétois qui voulut enseigner à son fils le rôle d'oiseau! Le malheureux Icare, malgré ses ailes, fut bientôt noyé. Si tu t'étais borné à faire apprendre à ton fils ses prières, il ne se serait pas tué en voulant trop s'élever.

Le Roi. Assassine-moi de ton poignard, et non de tes paroles! Mais pour quel sujet viens-tu ici? est-ce pour m'arracher la vie?

Glo. Me prends-tu donc pour un bourreau?

Le Roi. Si le meurtrier de l'innocence est un bourreau, tu es le plus exécrable de tous.

Glo. Ton fils s'est attiré la mort par son insolent orgueil.

Le Roi Si tu avais été tué la première fois que ton orgueil s'est manifesté, tu n'aurais pas vécu pour assassiner mon fils chéri; mais tu es né pour être le meurtrier de l'espèce humaine. Oui, les soupirs des vieillards, les larmes des veuves, les gémissemens des orphelins, les pères pleurant leurs fils, les femmes leurs époux, et les enfans la mort prématurée de leurs parens, maudiront l'heure de ta naissance! A cette heure funeste, les cris sinistres du hibou et de la corneille présagèrent des temps désastreux. Les chiens hurlèrent; une horrible tempête déracina les arbres; les pies et les corbeaux, perchés sur les toits, firent entendre des sons lugubres et discordans. Ta mère ressentit des douleurs plus cruelles que les douleurs de la maternité; elle mit au monde un être au-dessous de ses espérances. Tu naquis la bouche armée déjà de dents: c'était annoncer que tu venais pour déchirer les hommes; et, si l'on m'a dit vrai, tu naquis......

Glo. Je n'en souffrirai pas davantage..... Meurs, prophète, meurs au milieu de ton discours. Voilà surtout pourquoi je suis né. *(Il le poignarde.)*

Le Roi. Oh! sans doute et pour commettre encore bien d'autres assassinats. — Que le ciel me pardonne mes fautes !... Qu'il te pardonne aussi !

(*Il expire.*)

Glo. Quoi! Le sang de Lancastre, qui aspire toujours à s'élever, s'enfonce dans la terre? Je croyais qu'il serait monté. — Mon épée pleure des larmes de sang sur la mort de ce pauvre roi! Oh! puissent verser ces larmes de pourpre tous ceux qui désirent la chute de notre maison! S'il reste encore ici quelque reste de vie, qu'elle aille en enfer, et qu'elle dise que c'est moi qui l'y envoie,

(*Il donne un nouveau coup de poignard au corps du Roi.*)

moi, qui ne connais ni la pitié, ni l'amour, ni la crainte! — En effet, ce que Henri disait de moi est très-vrai. J'ai souvent ouï dire à ma mère, que j'étais né en présentant les pieds : la sage-femme resta immobile d'étonnement, et les femmes s'écrièrent : Que le ciel ait pitié de nous! il a des dents! C'était un signe évident que j'aurais les penchans, le caractère et la férocité du dogue. Eh! bien, puisqu'il a plu au ciel de créer ainsi mon corps, que l'enfer rende mon âme également difforme, pour qu'elle réponde à cette structure! Je n'ai point de frères, je ne ressemble à aucun d'eux; que cet amour, que les vieillards appellent divin, aille se loger dans les hommes qui se ressemblent les uns aux autres, et non pas en moi.... Je suis.... je suis un être isolé. — Clarence, prends garde à toi; tu m'interceptes la lumière. Mais je ne manquerai pas d'exécuter mes sombres projets; tu n'as plus qu'un jour à vivre. Alors que le ciel prenne en sa miséricorde le faible roi Edouard, et que je puisse m'élancer librement dans le monde.... Mais silence! — Je partage les dépouilles avant le gain de la bataille. Clarence respire encore; Edouard vit encore sur le trône. Lorsqu'ils ne seront plus, je pourrai énumérer mes triomphes. (*Il sort.*)

ACTE SECOND.

SCÈNE I.

Devant l'église Saint-Paul. — BRANDON *rencontre* LORD STANLEY.

Bran. Bonjour, milord : que venez-vous faire à Saint-Paul, je vous prie ?

Stan. Je viens voir le convoi de ce pauvre roi Henri : c'est un triste spectacle ; mais je vis le roi avant-hier à la tour. Son langage est encore si présent à ma mémoire, que je sens couler mes larmes en songeant à son malheureux sort. La politique de Glocester m'étonne. Comment souffre-t-il que le corps soit exposé ? Croit-il donc qu'on l'en aimera davantage ?

Bran. Oh ! oui, seigneur, aimez-le comme il aime ses frères. Quand avez-vous vu le roi Edouard, milord ? J'ai entendu dire qu'il ne mange plus, qu'il est en proie à une profonde tristesse, et que ses médecins craignent pour lui.

Stan. On ne pense pas qu'il recouvre la santé. Voulez-vous venir avec moi à la cour pour savoir de ses nouvelles ?

Bran. Je suis obligé de rester ici. Lady Anne a obtenu la permission d'enterrer à Chertsey le corps du roi Henri ; j'ai promis d'accompagner cette dame.

Stan. Est-ce la belle-fille du roi Henri ?

Bran. Elle-même, milord ; la veuve du prince Edouard tué par Glocester, près de Tewksbury.

Stan. Hélas ! pauvre princesse ! elle a bien souffert ! et cependant on dit que Richard recherche son amour. Il me semble que les maux qu'il lui a causés devraient lui laisser peu d'espoir.

Bran. Ni ces maux, ni sa figure difforme ne peuvent lui inspirer du découragement. Il a voulu la voir ce matin; elle a été obligée de garder le lit pour éviter sa visite. Mais la voilà... Resterez-vous pour assister à cette triste cérémonie?

Stan. Je vous accompagnerai. (*Ils sortent.*)

GLOCESTER *entre.*

Glo. C'était un prétexte pour ne point me recevoir! Hélas! elle ne garde pas le lit. Elle se porte assez bien pour aller à Chertsey; mais elle n'a pas la force de supporter ma présence. Je ne puis la blâmer. Quoi! l'amour m'a renié dans le sein même de ma mère; et pour m'exclure à jamais de son doux empire, il a suborné la fragile nature, et l'a engagée à rendre mon bras amaigri semblable à un arbrisseau desséché, à placer sur mon dos une odieuse éminence, dont la difformité insulte à mon corps; à former mes jambes d'une longueur inégale, à rompre les proportions dans toutes les parties de mon être. Suis-je un homme fait pour être aimé? O pensée absurde! plus encore que mon ambition!

BRACKENBURY *entre précipitamment.*

Brack. Milord, je supplie votre grâce...

Glo. Laisse-moi, insolent..... je n'ai pas le temps.

Brack. Milord, le roi, votre frère, est très-mal.

Glo. Je vais me rendre auprès de lui: laissez-moi, mon ami. Ah! Edouard est très-mal! Puisse-t-il périr en os et en chair! Puisse-t-il ne plus naître de lui des enfans qui traversent les jours heureux que j'espère.

LADY ANNE *entre, vêtue de deuil;* LORD STANLEY *et des* DAMES *l'accompagnent. Les* GARDES *escortent le cercueil du* ROI HENRI VI.

Oh! voilà celle que j'aime! – Semblable à la lune argentée, elle brille d'un pâle éclat, à travers le voile humide de l'affliction! Ainsi la veuve d'Ephèse pleurait son époux; ainsi le brave soldat lui adressa un tendre langage, et vit son audace couronnée par le succès. Il est vrai que ma beauté n'est pas faite pour la subjuguer; mais j'ai une langue à séduire le diable lui-même. Je sais sourire pendant que j'assassine; je sais montrer de la joie de ce qui me déchire l'âme; des larmes feintes coulent de mes yeux à ma volonté, et je sais donner à mes traits l'expression nécessaire dans toute circonstance. Mais silence : elle pleure l'homme que j'ai tué. Laissons d'abord sa douleur prendre son cours. — J'attendrai ici que sa tristesse soit sur le déclin, et bientôt l'orage excité par le désespoir se fondra en douces larmes de pitié pour le meurtrier repentant.

Lady A. Que les cieux se couvrent de noirs nuages! que le jour se change en nuit! que les comètes, arbitres des temps et des états, brandissent dans leur firmament leur chevelure enflammée, et châtient ainsi les étoiles rebelles qui ont consenti à la mort du roi Henri! O! maudite soit la main qui répandit son sang! Maudit soit le cœur qui a pu commettre cette cruauté! Si jamais le meurtrier obtient une épouse, puisse-t-elle être plus malheureuse par l'existence de son époux, que je le suis moi-même par la mort de mon Édouard et par la tienne!

Glo. (*à part*). Pauvre femme, que de peines elle se donne pour se maudire elle-même!

Lady A. Si jamais elle a un fils, qu'il naisse avant terme; que cet avorton, d'une forme hideuse, d'un aspect horrible, effraie par sa naissance sa mère désespérée, et qu'il soit l'héritier des malheurs de son père! — Rendons-nous maintenant à Chertsey, avec ce fardeau sacré.

Glo. (*s'avançant*). Arrêtez, vous, qui portez ce corps, et posez-le à terre.

Lady A. Quel noir magicien évoque ici ce démon, pour venir troubler les pieux devoirs de la charité!

Glo. Misérables, laissez-là ce corps, vous dis-je! ou, par saint Paul, je ferai un cadavre du premier qui ose me désobéir.

Stan. Milord, rangez-vous, de grâce, et laissez passer le cercueil.

Glo. Insolent valet! arrête quand je te l'ordonne; détourne de ma poitrine le fer de ta hallebarde, ou, par saint Paul, je te foule aux pieds pour punir ton audace.

Lady A. Oses-tu le persécuter encore, insatiable ennemi? Tu n'avais de pouvoir que sur son corps mortel, tu ne peux rien sur son âme; ainsi, fuis loin de nous.

Glo. Douce sainte, au nom de la charité, ne soyez pas si cruelle.

Lady A. Si tu te plais à contempler tes odieux forfaits, regarde cet échantillon de tes assassinats. Pourquoi as-tu commis ce meurtre? Les lois de la nature, des hommes et du ciel ne pouvaient-elles te retenir? Et cependant il n'est point de bête si féroce qui ne soit sensible à la pitié!

Glo. Si le manque de pitié est un crime si haïssable, tu es donc coupable aussi?

Lady A. Que veut dire ce perfide?

Glo. O merveille de ton sexe, daigne m'accorder un moment, et je me justifierai des crimes dont tu m'accuses.

Lady A. Prends alors cette épée, dont la pointe est encore fumante du sang de Henri et de celui de mon époux chéri, et ôte-toi la vie, pour apaiser leurs mânes.

Glo. Par un pareil désespoir je m'accuserais moi-même.

Lady A. Oui, ce n'est qu'ainsi que tu peux te justifier. N'as-tu pas tué le roi?

Glo. Je vous l'accorde.

Lady A. Oh! c'était un roi si bon, si doux,

si vertueux ! Mais il est dans le ciel, où tu n'entreras jamais.

Glo. N'ai-je donc pas bien agi en l'y envoyant ? Il était plus fait pour ce séjour que pour la terre.

Lady A. Et toi, il n'est point d'autre séjour qui te convienne que l'enfer.

Glo. Il y aurait encore une autre place.... si vous me permettiez de la nommer.

Lady A. Quelque cachot.

Glo. Votre chambre... à coucher.

Lady A. Que l'insomnie habite la chambre où tu reposes.

Glo. Elle l'habitera, madame, jusqu'à ce que je sois près de vous.

Lady A. Je l'espère.

Glo. Et moi, j'en suis sûr. — Mais, charmante Lady Anne, finissons ce vain débat, et passons à une conversation un peu plus importante. L'auteur de la mort prématurée de ces Plantagenets, Henri et Edouard, n'est-il pas aussi coupable que celui qui en a été l'instrument ?

Lady A. Tu as été à la fois l'auteur et l'instrument maudit.

Glo. Votre beauté seule en fut la cause. Votre beauté ! qui m'obsédait pendant mon sommeil, et qui me ferait entreprendre le meurtre de toute l'espèce humaine, si je pouvais, à ce prix, reposer seulement une heure à vos côtés.

Lady A. Si je pouvais le croire, je te déclare, assassin, que mes propres mains priveraient mon visage de cette beauté fatale.

Glo. Jamais mes yeux ne souffriraient la destruction de tant d'attraits : vous ne les flétririez jamais, tant que je serais présent. Comme l'univers est vivifié par le soleil, de même c'est par eux que je vis. — Ce sont eux qui sont ma lumière, ma vie !

Lady A. Je le voudrais, pour me venger de toi.

Glo. C'est une haine bien contre nature, que de vouloir te venger de l'homme qui t'aime.

Lady A. Dis plutôt que c'est mon devoir de me venger de l'homme qui tua mon époux.

Glo. O divine beauté! celui qui tua ton époux, ne le fit que pour t'en donner un meilleur.

Lady A. Il n'en existe pas de meilleur sur la terre.

Glo. Il en est un qui t'aime plus que ton époux ne t'aimait.

Lady A. Nomme-le.

Glo. Plantagenet.

Lady A. Eh bien, c'était lui.

Glo. Le nom est le même, mais l'homme est bien plus épris.

Lady A. Où donc est il?

Glo. Oh! regarde avec des yeux plus doux!.... le voici.

Lady A. Que mes yeux n'ont-ils le regard du basilic pour te donner la mort!

Glo. Je le voudrais; ils me tueraient du moins d'un seul coup, tandis qu'ils me font mourir d'amour et de désespoir tout en me laissant la vie. Jamais je n'ai supplié ni ami ni ennemi; jamais ma langue ne put se plier à des mots doux et flatteurs; mais aujourd'hui, que ta beauté devient l'unique objet de mon ambition, mon cœur superbe s'abaisse à prier, et force ma langue à employer le langage de l'amour.

Lady A. Est-il sur la terre une seule voix qui s'élève en ta faveur? Comment oses-tu me parler d'amour, à moi qui l'abhorre.

Glo. Ah! ne défigure pas cette belle bouche par l'expression du mépris! Si ton cœur inexorable me refuse tout pardon, eh bien! prends cette épée acérée : si c'est ton désir de la plonger dans ce cœur sincère, et de me faire exhaler cette âme qui t'adore, j'offre mon sein nu au coup mortel, et je te demande à genoux la mort.

Lady A. (*à part.*) Que dire? que faire? Dieu puissant, guide-moi!

Glo. Allons, n'hésite pas, car je tuai le roi

Henri.... Mais ce fut ta beauté qui m'y força..... Frappe! c'est moi qui poignardai le jeune Édouard... Mais ce fut ce céleste visage qui me rendit assassin. Et je suis prêt à me réjouir de tout ce que j'ai fait, tant mon cœur est inébranlable.—Mais, semblables aux rayons de la lune, qui font obéir les mouvemens de la mer agitée, tes yeux tout-puissans ont changé mon âme, et la remplissent de repentir. (LADY ANNE *laisse tomber l'épée.*) Relève cette épée ; ou bien ordonne moi de me relever.

Lady A. Non; quoique je désire ta mort, je ne puis être ton bourreau.

Glo. Eh bien! ordonne-moi de me tuer moi-même, et je le ferai.

Lady A. Je te l'ai déjà dit.

Glo. C'était dans ta colère..... Mais redis-le encore, et à ton ordre cette coupable main, qui, par amour pour toi, tua l'objet de ta tendresse, par amour pour toi te vengera sur ton amant : tu seras complice de la mort de tous deux. Eh quoi! pas un mot, ni pour me pardonner, ni pour me condamner! Mais tu as raison, tu peux me tuer par ton silence. Cependant, même après la mort, mon âme, en planant auprès de toi, te poursuivra encore.—Oh! ne repousse pas les larmes du repentir! je te demande seulement la permission de me livrer à mon froid désespoir.

Lady A. Ne me blâmeras-tu point, si je te pardonne tes crimes?

Glo. Ils ne peuvent pas être pardonnés; le repentir lui-même ne saurait les expier.—O fatale pensée qui à la fois m'accable sous le poids du remords et du désespoir!—Mais, sans me pardonner, accorde-moi ta pitié.

Lady A. Que je voudrais connaître ton cœur!

Glo. Tu le vois sur ma langue.

Lady A. Je crains bien qu'ils ne soient faux tous deux.

Glo. Alors il n'y eut jamais d'homme sincère.

Lady A. Reprends ton épée.

Glo. Dis alors que tu me pardonnes.

Lady A. Tu le sauras plus tard.

Glo. Mais puis-je au moins vivre dans l'espérance?

Lady A. Tous les hommes, j'espère, vivent ainsi.

Glo. Je te jure, belle sainte, que je ne suis plus le même; tes yeux ont inspiré une douceur de femme à mon cœur endurci : ta bonté me fait chérir le remords, et mes pensers féroces sont maintenant pacifiques et affectueux. Oh! si ton humble et dévoué adorateur obtient encore une seule faveur de ta main généreuse, tu confirmes son bonheur pour jamais.

Lady A. Quelle est-elle?

Glo. Qu'il vous plaise de laisser la conduite de ce triste convoi à celui qui a le plus de sujet de prendre le deuil : allez maintenant vous reposer à ma maison de Crosby : dès que j'aurai solennellement fait inhumer cette victime royale dans le monastère de Chertsey, dès que j'aurai arrosé sa tombe des larmes de mon repentir, j'irai vous rejoindre dans les sentimens qui sont dus à votre vertu. Pour plusieurs raisons importantes, je vous en conjure, accordez-moi cette faveur.

Lady A. De tout mon cœur; j'ai bien de la joie de vous voir si touché de repentir. Brandon et Stanley, accompagnez-moi.

Glo. Dites-moi donc adieu.

Lady A. C'est plus que vous ne méritez; mais puisque vous m'apprenez à vous flatter, imaginez-vous que je vous ai dit adieu.

(*Lady* ANNE *sort avec* BRANDON *et* STANLEY.)

Un garde. A Chertsey, milord?

Glo. Non, à White-Friars; attendez-y mon arrivée.

(*Les gardes sortent avec le corps du roi.*)

S'avisa-t-on jamais de parler d'amour à une femme de cette étrange manière? et fit-on jamais de cette manière la conquête d'une femme? Je veux qu'elle soit à moi; mais je ne veux pas la garder long-temps.—Quoi! moi, qui ai tué son époux et le père de cet époux, m'emparer d'elle au moment même où son cœur est le plus exaspéré, où sa bouche est remplie d'imprécations, où ses yeux sont baignés de larmes, auprès de l'objet sanglant qui excite sa vengeance, en dépit du ciel, de sa conscience et de ce cercueil! et moi, sans aucun ami qui seconde mes prières, sans autres appuis que l'enfer et mes regards dissimulés, je parviens cependant à la vaincre! C'est jouer l'univers contre rien. Peut-elle abaisser ses beaux yeux sur moi, qui tout entier ne vaux pas la moitié de ce que valait son Edouard! sur moi, boiteux et contrefait! Mon duché contre la chasteté d'une veuve, que je me suis mépris tout ce temps sur ma personne!—Sur ma vie! elle trouve (quoique je ne le voie pas moi-même) que je suis un cavalier admirablement bien tourné. Allons, je veux garnir mes appartemens de miroirs, et entretenir une vingtaine de tailleurs pour étudier les modes et pour orner ma personne. Puisque me voilà réconcilié avec moi-même, il faut bien que je fasse quelque dépense pour soutenir cette heureuse opinion.—Mais commençons par déposer saint Henri dans son tombeau, et puis j'irai soupirer aux pieds de ma belle. —Brillant soleil, jette tout ton éclat, en attendant que je possède un miroir, et fais que je puisse admirer mon ombre. *(Il sort.)*

SCENE II.

Le salon du Palais.

BUCKINGHAM *rencontre* LORD STANLEY.

Buck. Avez-vous vu le duc?

Stan. Quel duc, milord?

Buck. Sa grâce le duc de Glocester; l'avez-vous vu?

Stan. Non pas depuis peu.—J'espère qu'il n'y a point de fâcheuses nouvelles?

Buck. Il y en a de plus fâcheuses que le cœur ne peut supporter, que la langue ne peut exprimer; Edouard, le roi, son noble frère, est mort!

Stan. C'est un grand malheur en effet. (*A part.*) A voir votre impatience, je suppose que vous ne croyez pas la nouvelle si mauvaise pour lui. (*Haut.*) Le roi, milord, s'est-il occupé de nommer un protecteur pour le pays et pour les jeunes princes?

Buck. Oui, le duc Richard est chargé de tout.

Stan. (*à part.*) Encore une mauvaise nouvelle que vous devez craindre de lui annoncer.

Buck. Il n'épargnera pas le travail, sans doute, pour remplir ce double devoir.

Stan. (*à part.*) Fasse le ciel qu'il ne soit pas trop diligent! (*Haut.*) Milord, la duchesse d'York, mère du roi, ne vient-elle pas pour voir son noble fils?

Buck. Oui, milord.—Elle ne s'attend pas à ce qui nous est arrivé!

La DUCHESSE D'YORK *entre.*

La Duch. Bonjour, milord; le roi repose-t-il?

Buck. Hélas! madame, il ne repose que trop.—Pour toujours!

La Duch. Mort! grand dieu, soutenez-moi!

Buck. Madame, j'ai rempli le triste devoir de recueillir son dernier soupir et de lui fermer les yeux!

La Duch. Encore une nouvelle perte pour mon cœur! Pourquoi, juste ciel! me laisser toujours la dernière à vivre et à souffrir? Je pleurai d'abord la mort de mon noble époux, qui revivait pour moi dans les traits de ses deux fils; aujourd'hui, ma dernière consolation m'est ravie. Clarence, et puis Edouard, me sont enlevés pour toujours, et maintenant il est impossible que je ne succombe pas à mon chagrin.

Buck. Votre plus jeune fils, le noble Richard,

vous reste encore. Son amour, j'en suis sûr, partagera les peines de sa mère, et consolera votre vieillesse.

La Duch. Ce serait donc la première fois : jusqu'à présent il ne m'a procuré aucune consolation, à moins que l'humeur grossière et farouche d'un fils puisse être comptée par sa mère comme une source de consolation. Où est la reine, milord?

Buck. Je l'ai laissée au milieu de ses parens ; son affliction est profonde. C'est avec peine que nous lui avons persuadé de quitter le corps du roi. — Madame, la voici.

La Reine *entre.*

La Reine. Que pouvez-vous opposer à ma douleur? Vous ne pouvez que me désespérer et me faire pleurer davantage! Ah! ma mère aussi, baignée de larmes! Un nouveau chagrin me perce le cœur, chaque fois que je vois une personne qui aimait mon Édouard! Oh! ma mère, il est mort! Edouard, mon seigneur, ton fils, notre roi, est mort! Ah! si mes larmes pouvaient entraîner mon ame! alors je le suivrais, digne de partager son cercueil.

Stan. Madame, vos devoirs d'épouse ont cessé; maintenant les devoirs de mère réclament vos soins. Pensez au prince votre fils. — Envoyez-le chercher sur le champ, et que son couronnement sèche vos larmes. Ensevelissez votre douleur dans le tombeau d'Edouard mort. — Que votre joie renaisse près d'Edouard vivant et monté sur le trône.

La Reine. Hélas! cette idée ne fait qu'augmenter mon affliction. Je pleure sur Édouard mort, je tremble pour Edouard vivant. Un enfant sans défense, une minorité! On lui donne des hochets pour le distraire, mais point de couronnement! — Non, je ne vois près de lui ni courtisans, ni parens. Cessez..... Et où tiendra-t-il sa cour?.... A la tour? Oui — à la tour. *(Ils sortent tous.)*

ACTE TROISIÈME.

SCÈNE I.

Le Palais.

On voit le PRINCE EDOUARD, GLOCESTER, BUCKINGHAM, LORD STANLEY, BRANDON, *et suite.*

Glo. Soyez le bienvenu, mon cousin, dans votre ville de Londres. Soyez le bienvenu, prince, et jouissez de la haute dignité que vous assurent le testament du Roi votre père, et le droit de naissance. Héritez en paix d'un titre incontestable. Et, s'il m'est permis, dans la simplicité de mon cœur, de vous parler avec franchise, soyez encore plus le bienvenu auprès d'un oncle qui vous consacre ses soins et son amour. — Mais, seigneur, pourquoi soupirez-vous? Il paraît que la fatigue de la route vous a rendu mélancolique.

Le Prince. Non, mon oncle; mais les accidens ont rendu notre chemin fort ennuyeux, pénible et rude.—Je ne vois pas ici tous mes oncles, pour me recevoir.

Brand. Ses autres oncles! que veut dire son altesse. (*A part, à* STANLEY.)

Stan. (*à part à* BRANDON.) Mais, oui : le prudent duc de Glocester a mis en sûreté quelques-uns de ses parens.—Lord Rivers, Gray, Sir Thomas Vaughan, et plusieurs autres, sont prisonniers en ce moment au château de Pomfret; peu importe sous quel prétexte, il suffit qu'ils s'y trouvent. Laissez au duc et à l'enfer le soin de leur chercher des crimes.

Glo. Seigneur, voici le maire de Londres, qui vient vous rendre ses hommages.

(*Le* LORD MAIRE *entre avec deux Aldermen.*)

Le Maire. Daignez, gracieux souverain, recevoir l'hommage de votre ville royale. Permettez-nous aussi de vous exprimer notre profonde douleur de la mort de votre auguste père; et que votre bonté nous admette à vous féliciter sur votre avénement au trône, autant qu'il nous est possible dans notre véritable affliction.

Le Prince. Milord, je vous remercie; je remercie tous ceux qui vous accompagnent. Hélas! ma jeunesse est encore incapable de régner : que le glaive de la justice continue donc d'être confié à des mains plus habiles (*désignant* GLOCESTER); mais, soyez-en bien assurés, je sais déjà vous aimer à tel point que, sans connaître encore les moyens de vous faire du bien, j'aimerais mieux mourir que de vous causer du mal.

Glo. (*à part*). Les enfans qui ont tant d'esprit ne vivent pas long-temps, dit-on.

Le Prince. Milord, je croyais que ma mère et mon frère York seraient venus, il y a long-temps, nous joindre en chemin. Dites-moi, mon oncle Glocester, si mon frère vient, où logerons-nous, jusqu'au jour du couronnement?

Glo. Dans le lieu qui plaira le plus à votre altesse; mais, s'il m'est permis de vous dire mon avis, reposez-vous un ou deux jours à la Tour; ensuite, choisissez la résidence qui vous conviendra le mieux, pour votre santé et pour votre plaisir.

Le Prince. Pourquoi la tour? mais, soit : puisque vous le trouvez bon.

Buck. Milord, voici le frère de votre altesse, sa grâce le duc d'York.

*Le duc d'*YORK *entre avec* LA DUCHESSE.

Le Prince. Ah! Richard d'York! Comment se porte mon tendre frère?

Duc d'Y. O mon bien-aimé souverain! C'est ainsi que je dois vous nommer à présent.

Le Prince. Oui, mon frère, à notre grande douleur, ainsi qu'à la vôtre. Il est mort trop tôt, cequi eût mieux porté ce titre, dont la majesté a beaucoup perdu en moi.

Glo. Comment se porte notre neveu, le noble duc d'York?

Duc d'Y. Je vous remercie, mon oncle. Ah! milord, c'est vous qui avez dit que *mauvaise herbe croît bien vite*. Le prince mon frère a grandi beaucoup plus que moi.

Glo. Il est vrai, milord.

Duc d'Y. Et, alors, est-il donc mauvais?

Glo. Mon beau cousin, je ne veux pas dire cela.

Duc d'Y. Aussi, mon oncle, je ne crois pas au proverbe : car, s'il était vrai, c'est vous qui seriez *mauvaise herbe*.

Glo. Et comment donc, mon neveu?

Duc d'Y. On dit que vous avez grandi bien vite, et que vous étiez né à peine depuis deux heures, quand vos dents pouvaient déjà broyer une croûte de pain. Moi, j'avais deux ans quand une dent m'a poussé.

Glo. (*à part.*) Je vois que le marmot a bien appris sa leçon. — Qui vous a donc raconté cela, mon joyeux petit cousin?

Duc d'Y. Votre nourrice, mon oncle.

Glo. Ma nourrice, cher enfant? Elle était morte avant que vous ne fussiez né.

Duc d'Y. Si ce n'est pas elle, je ne puis vous dire qui me l'a raconté.

Glo. (*à part.*) Ah! toi aussi, tu es si précoce. Quel dommage que ta vie doive être si courte!

Le Prince. Mon frère est toujours contrariant dans ses propos, cher oncle.

Glo. N'importe, milord, nous n'aurons jamais de querelle ensemble.

Le Prince. J'espère que vous saurez le supporter.

Duc d'Y. Vous voulez dire me porter, et non me supporter. Mon frère se moque de vous, mon oncle, et de moi. Parce que je suis petit comme un singe, il croit que vous me porteriez sur vos épaules.

Le Prince. Non, mon frère, je ne pensais à rien de semblable.

Glo. Mon prince, voulez-vous bien vous mettre en chemin? Mon cousin Buckingham et moi, nous allons prier votre mère de venir vous trouver à la tour, pour vous féliciter sur votre arrivée.

Duc d'Y. Quoi! voulez-vous aller à la tour, mon cher prince?

Le Prince. Milord protecteur prétend que cela doit être.

Duc d'Y. Pour moi, je ne dormirai pas tranquillement dans la tour.

Glo. (*à part.*) Je vous en réponds: le roi Henri s'y est couché, et il dort bien tranquille.

Le Prince. Que craindriez-vous là, mon frère?

Duc d'Y. Vraiment, l'ombre de mon oncle Clarence: ma grand'mère m'a dit qu'il y avait été assassiné.

Le Prince. Je ne crains pas les oncles morts, moi.

Glo. Ni les vivans non plus, j'espère.

Le Prince. Je l'espère aussi: mais allons, milord, rendons-nous à la tour, puisqu'il le faut.

(*Ils sortent tous, excepté* Glocester *et* Buckingham.)

Buck. Pensez-vous, milord, que ce petit babillard n'ait pas été excité par son adroite mère à vous railler par ses sarcasmes piquans?

Glo. Oh! sans doute, sans doute, c'est un enfant rusé, hardi, vif, spirituel, précoce, et plein de sens. C'est tout le portrait de sa mère, de la tête aux pieds. — Mais laissons ce chapitre. — Eh bien! que dit Catesby?

Buck. Milord, il y en a plus encore que je ne croyais; le voilà lui-même pour vous faire son rapport.

CATESBY *entre.*

Glo. Eh bien ! Catesby, as-tu bien sollicité ? Qu'y a-t-il de nouveau ?

Cat. Milord, d'après les instructions que j'avais reçues, j'ai sondé adroitement et de loin le lord Hastings ; j'ai cherché à pénétrer jusqu'à quel point il s'attacherait à votre projet : je l'ai trouvé froid et de mauvaise volonté. En résumé, il semble d'abord ne pas me comprendre ; enfin, lorsque je m'expliquai plus clairement, et qu'il fut forcé de répondre, il me dit avec feu que plutôt que de nuire à la tête à laquelle appartient la couronne, il perdrait plutôt sa propre tête.

Glo. En vérité ! Eh bien ! sa tête répondra de cette phrase : il s'en repentira. En attendant, Catesby, demeure près de moi. — Cousin Buckingham, ne perdez pas de temps : le maire et les bourgeois sont assemblés à Guild-Hall. Hâtez-vous de les y joindre, et là, lorsque vous trouverez le moment favorable, mettez en avant ce dont je vous ai parlé. Mais, surtout, insistez sur l'illégitimité des enfans d'Edouard.

Buck. Comptez sur moi, milord, je vais jouer le rôle d'orateur, avec le même zèle que si la brillante couronne pour laquelle je plaide m'était réservée.

Glo. Si vous réussissez, amenez-les-moi ici ; vous m'y trouverez gravement occupé avec les plus savans membres de l'église.

Buck. Je vole, milord, vous servir.

Glo. Et te servir aussi, mon cousin : aie bien soin, quand je serai roi, de me demander le comté de Hereford avec tous ses domaines, dont le roi mon frère était en possession.

Buck. Je rappellerai à votre grâce combien elle fut bienveillante.

Glo. Cousin, tu as ma parole.

Buck. Milord, je pars. (*Il sort.*)

Glo. Voilà comme je me suis assuré de mon cousin. Ces domaines ne lui laisseront pas de repos que je ne sois roi. — Vous, Catesby, rendez-vous promptement chez le docteur Shaw, et de là chez le frère Benker. — Priez-les tous deux de se rendre près de moi dans une heure au plus tard.

(Catesby *sort.*)

En attendant, je donnerai des ordres particuliers pour empêcher tout accès près des princes. — Allons, par saint Paul, l'affaire est en bon train! Combien de fois la conscience timorée d'un esprit faible aurait reculé devant une telle entreprise! Bon! la conscience est un épouvantail commode, placé en sentinelle pour garder les fruits que se réservent les docteurs et les hommes habiles: ceux-ci n'en ont jamais peur. Ils savent bien que ce n'est qu'un amas de chiffons, et ils font tranquillement leur récolte en sa présence; tandis que la terreur agit sur l'âme de quelques malheureux imbéciles, à demi morts de faim, et les décide à être honnêtes. Pourquoi a-t-on fait les lois? parce que la nature a fait de nous des coquins. La conscience est comme l'argent monnayé, qui nous sert à vivre pour autant que nous savons nous en séparer. Moins on y regarde, et plus on profite. C'est ainsi que, prodigue de promesses, l'amant achète l'espérance; que la jeune fille trompée saisit le plaisir fugitif; que nos avares vieillards emplissent leur coffre; que nos juges, aux joues creuses, dînent en paix, après avoir fait périr l'innocent, plutôt que de laisser refroidir leurs mets. Les monarques laissent là leur conscience pour marcher dans la voie du despotisme, et les peuples pour se livrer à l'audacieuse révolte. Le plus misérable esclave ose prendre sa part dans la scélératesse commune: pourquoi donc les siècles à venir m'accuseraient-ils d'inhumanité, quand mes actions les plus coupables n'ont été que l'effet de l'ambition? Tous les hommes ont un vice favori: les grands hommes sont entraînés par une passion noble; et la mienne est l'ambition. (*Il sort.*)

SCENE II.

Une chambre.

On voit Lady Anne *assise sur un lit.*

Lady A. Quand trouverai-je le repos ? Le mariage a-t-il été institué pour nous punir de nos fautes ? Oh ! non : il fut toujours regardé comme un bienfait pour les âmes vertueuses ! Je le regardais jadis de même, quoiqu'en ce jour il soit pour moi un fléau. L'amour d'Edouard était doux comme un fruit savoureux : le cruel Glocester l'a fait tomber avant le temps. Que la musique vienne calmer un instant mes sens agités. (*On entend la musique dans le lointain.*) Ses effets sont impuissans. Le tombeau seul me donnera la tranquillité. Mais ; je vois s'avancer l'auteur de mes maux.

Glocester *entre.*

Glo. (*à part.*) Quoi ! toujours dans les larmes ? Laissons-les couler : elles indiquent une douleur véritable. — Pourquoi ne meurt-elle pas ? Il faut qu'elle meure. Mon intérêt ne veut pas qu'elle vive. La belle Elisabeth a captivé mes yeux. Mon cœur est libre : c'est à elle de le remplir. On prétend que les femmes ont le cœur tendre : je crois que c'est une erreur. Je leur ai trouvé le cœur dur : il faut de violens efforts pour les rompre. Je n'ai d'autre moyen que de lui procurer une maladie où le secours du médecin lui devienne indispensable. — Bien, Madame, vous continuez, je le vois, à faire croire au monde que je ne vous aime point. Ce deuil extérieur n'est que l'effet de votre mauvaise volonté : il en est de même de ces larmes rebelles. Je veux que tous soient persuadés de mon amour extrême pour vous.

Lady A. Je voudrais pouvoir accréditer cette idée, mais on ne me croirait pas Ai-je mérité un pareil traitement !

Glo. Sans doute puisque vous ne me plaisez plus comme autrefois.

Lady A. Qu'ai-je fait? Quel crime ai-je commis?

Glo. Un grand crime à mes yeux: vous avez survécu à mon amour.

Lady A. Si c'est là un crime, justes cieux, soyez-moi favorables et rappelez-moi de ce monde, tandis que mes regrets sont dans toute leur force. Vous, seigneur, pardonnez-moi, et mettez un terme à mon existence.

Glo. Fort bien. Mais un monde importun m'accuserait de meurtre, et je voudrais qu'on me crût sensible. Si donc vous ne tremblez pas à l'idée d'un suicide, vous avez de quoi justifier un pareil acte.

Lady A. Je mourrais volontiers: la mort m'apparaîtrait en amie. Oh! dites-moi le motif qui me justifierait.

Glo. Ce motif, c'est la haine que te porte un époux. Je te hais, non seulement parce que la jouissance a éteint le goût que j'avais pour toi; mais je te hais de tout l'amour que je porte à une autre. On dit quelquefois que je suis hypocrite: qu'en dis-tu! Suis-je un homme dissimulé?

Lady A. Au moins tes protestations d'amour pour moi ont été fausses.

Glo. Jamais: je t'aimais quand je te parlai d'amour: tu es le seul être que je n'aie point trompé. C'est avec la même sincérité que je te le déclare, je te déteste de toute mon âme. (*A part.*) Si ce mot là ne suffit pas, elle ne mourra jamais.

Lady A. Juste ciel, pardonnez-moi le pardon que j'ai accordé à cet homme! Puisse l'histoire de ma vie, racontée aux siècles à venir, servir d'avertissement à un sexe trop faible, lui faire connaître le cœur des hommes, et fermer son oreille crédule à leurs vaines protestations d'amour!

CATESBY *entre.*

Glo. Eh bien! Catesby?

Cat. Seigneur, le duc de Buckingham attend les ordres de votre altesse.

Glo. Rejoignez-le : je l'attendrai ici.

(CATESBY *sort.*)

Madame, votre départ devient nécessaire.

Lady A. Je voudrais que ma mort le fût également.

Glo. Il en sera ainsi probablement sous peu.

(LADY ANNE *sort.*)

(CATESBY *traverse le fond de la scène.*)

BUCKINGHAM *entre.*

Mon cousin, que disent les bourgeois ?

Buck. Par nos espérances, milord, les bourgeois sont comme des pierres insensibles ; la frayeur et l'hésitation les ont rendus muets.

Glo. Avez-vous touché l'article de l'illégitimité des enfants d'Edouard ?

Buck. Oui : j'ai parlé de son contrat de mariage avec lady Lucy ; j'ai parlé de sa propre bâtardise, et de ses fureurs tyranniques excitées par des bagatelles. J'ai fait valoir toutes vos victoires dans l'Ecosse, votre savante discipline dans la guerre, votre sagesse dans la paix, votre bonté, votre amour pour la justice, et votre humble modestie : enfin, il n'est rien de ce qui pouvait rendre votre cause meilleure, que je n'aie développée ou touché légèrement dans ma harangue. Et lorsque je suis arrivé à la fin, j'ai sommé ceux qui aimaient le bien de leur pays de vous rendre justice, et de crier : vive le roi Richard !

Glo. Et l'ont-ils fait ?

Buck. Non, par le ciel : pas un seul. Chacun d'eux, semblable à une statue, pâle et sans mouvement, s'est mis à regarder son voisin. Quand j'ai vu cela, je les ai réprimandés, et j'ai interpellé le maire de m'expliquer ce silence obstiné. Il répondit que le peuple était habitué à ne se voir haranguer que par l'assesseur du maire. Alors il prit sur lui de répéter mes paroles : « voilà ce qu'a dit le duc, voilà ce que le duc a conclu » ; mais il s'est bien gardé de rien prendre sur lui. Lorsqu'il a cessé de parler, un certain nombre de mes gens apostés dans le bas de la salle, ont jeté leurs bonnets en l'air, et une douzaine de voix ont crié : dieu garde le roi Richard ! J'ai saisi aussitôt cette occasion pour répondre : mille grâces, bons citoyens, braves amis ; cette acclamation générale et ces cris de joie prouvent votre discernement et votre affection pour Richard. Je m'en suis tenu là, et je me suis retiré.

Glo. O souches muettes ! quoi ! ils n'ont rien voulu dire ! —Le maire et ses assesseurs viendront-ils ?

Buck. Le maire est ici, milord. Feignez d'être alarmé de leur visite ; ne les admettez qu'après les plus vives instances. Il serait bon de paraître un livre de prières à la main, et accompagné de deux respectables ecclésiastiques ; car sur ce texte je veux faire un sermon édifiant. Ne vous rendez pas facilement à nos supplications : semblable à la jeune fille, ayez l'air de redouter ce que vous désirez.

Glo. Mon autre moi-même ! âme de mon conseil ! mon oracle ! mon prophète ! mon cher cousin ! je veux me laisser guider comme un enfant par vous.

Buck. Ecoutez ; voilà le maire. – Retirez-vous, milord, ne doutez pas que nous ne conduisions notre projet à une heureuse issue.

Glo. Nous ne pouvons échouer, milord, en vous ayant pour pilote. (*A part.*) Un peu de flatterie fait souvent beaucoup de bien. (*Il sort.*)

Le Maire *et les* Bourgeois *entrent.*

Buck. Soyez le bienvenu, milord ; je languis ici à attendre le duc. Je crains qu'il ne veuille pas nous recevoir.

Catesby *entre.*

Eh bien ! qu'à répondu le duc à ma demande ?

Cat. Milord, il prie humblement votre grâce de

remettre votre visite à demain ou au jour suivant. Il est enfermé avec deux saints ecclésiastiques, et plongé dans une profonde méditation. Il ne veut pas qu'aucune affaire temporelle vienne interrompre ses pieux exercices.

Buck. Je vous en prie, cher Catesby, retournez vers le duc. Dites-lui que le maire, les bourgeois, et moi-même, amenés par des affaires importantes, par des secrets essentiels, et qui intéressent le bien général, nous sommes venus solliciter une conférence avec sa grâce.

Cat. Milord, je vais en informer sur-le-champ son altesse. (CATESBY *sort.*)

Buck. Ah! milord, ce prince n'est pas un Edouard: il n'est pas à se bercer nonchalamment sur un lit voluptueux; il est à genoux, tout entier à la méditation : au lieu de perdre son temps avec des courtisanes, il est en prières avec de saints docteurs : heureuse l'Angleterre, si ce vertueux prince voulait se charger de la gouverner!

Le Maire. Heureuse, en effet, milord. Il ne repoussera pas, j'espère, l'offre de notre attachement.

Buck. Hélas! milord, vous ne le connaissez pas; ses pensées se dirigent vers un monde plus élevé. — Il aspire après une couronne immortelle. Voyez, sa porte s'ouvre : où en est notre espérance?

Le Maire. Voyez comme sa grâce est là, entre deux ecclésiastiques.

Buck. Oui, oui, voilà ce qui l'occupe. — Voilà son ambition.

Le Maire. Avec quelle humilité il s'incline devant ces vénérables docteurs, pour les remercier de leurs soins! Et voyez! il tient à la main un livre de prières!

Buck. Je voudrais qu'il fût roi! Il aurait le loisir de prier. Je le voudrais surtout, à cause de l'amour qu'il porte à cette bonne ville. Combien de fois je lui ai entendu dire qu'il trouvait bien dur que le maire perdît son titre de Lord, à l'expiration de ses fonctions ! Eh ! bien, qui sait ? nous le vaincrons peut-être.

Le Maire. Ah ! milord !

Buck. Le voilà ; il s'avance—Mes amis, du courage. Je sais qu'il redoute de commettre une faute ; mais ne le quittez pas, que notre prière ne soit accordée.

Glocester *entre, un livre à la main.*

Glo. Cousin Buckingham, je prie votre grâce de me pardonner, si, livré à de pieuses contemplations, j'ai si long-temps différé de recevoir mes amis. Je crains d'avoir commis quelque faute qui ait offensé les bourgeois ; s'il en est ainsi, il est juste que vous veniez me reprocher mon ignorance.

Buck. C'est très-vrai, milord ; nous espérons qu'à nos instantes prières votre grâce voudra bien réparer sa faute.

Glo. Si je le refusais, comment respirerais-je dans un pays chrétien ?

Buck. Sachez donc que vous êtes coupable d'abandonner au rejeton corrompu d'un tronc flétri le sceptre souverain de vos ancêtres, le trône majestueux de l'Angleterre, ainsi que les droits légitimes de votre naissance ; voilà pourquoi je viens supplier votre altesse de prendre sur vous le fardeau et le gouvernement royale de votre pays. Et nous ne voulons pas que vous soyez protecteur, régent, lieutenant, ou l'agent subalterne qui travaille pour le profit d'un autre : nous réclamons en vous le roi qui, de génération en génération, a reçu les droits à un empire qui vous appartient en propre.

Le Maire. C'est à genoux, seigneur, que nous vous supplions de revêtir la pourpre précieuse qui ne convient pas aux membres délicats d'un enfant. Elle vous appartient, puisqu'elle sied à votre sagesse comme à votre naissance.

Cat. Milord, cette froideur est peu gracieuse, et elle répond mal aux transports de notre zèle.

Buck. Daignez les rendre heureux : accordez-leur l'objet d'une si juste demande.

Glo. Hélas ! pourquoi voulez-vous m'accabler sous le poids de si graves soucis? Je suis peu propre aux soins de l'État, aux honneurs du rang suprême. Je vous remercie de votre affection; mais je vous prie de ne pas vous en offenser, je ne veux, je n'ose, je ne dois pas céder à vos vœux.

Buck. Sans doute, vous nous refusez parce que vous craignez de détrôner cet enfant, le fils de votre frère. Nous connaissons la bonté de votre cœur. Mais sachez, quand même vous persisteriez dans ce refus, sachez que le fils de votre frère ne sera jamais notre souverain. Nous éleverons une autre famille sur le trône : cette élévation sera la honte et la ruine de votre maison. Telle est ma résolution, et je vous fais mes adieux, seigneur.— Milord et messieurs, je vous demande pardon de l'embarras que je vous ai causé en vain : mes intentions étaient bonnes; je voulais servir ma patrie et mon roi, mais je n'ai pu réussir.—Adieu, jusqu'à une nouvelle entrevue.

Le Maire. Ne vous emportez pas, seigneur, sa grâce est prête à céder.

Buck. Eh! non! vous vous faites illusion.

(*Il sort.*)

Cat. Cher prince, répondez à leurs vœux!

Le Maire. Si vous les rejetez, le royaume entier déplorera ce malheur.

Glo. Qu'on le rappelle. (Catesby *sort.*)

Vous allez me plonger dans un abîme de soucis. Mais je n'ai pas un cœur de rocher. Je me laisse toucher par vos sollicitations pressantes; mais le ciel m'en est témoin, j'agis contre mon inclination.

(Buckingham *et* Catesby *rentrent.*)

Mon cousin Buckingham, et vous, hommes graves et sages, puisque vous le voulez aussi, puisqu'il vous plait de m'imposer le fardeau d'une si haute fortune, et de m'attacher à elle par des nœuds que je ne puis rompre, je dois me soumettre à supporter ce poids. Si votre exigeance m'expose aux coups de la calomnie ou à des reproches cruels, je me justifierai par la violence que vous m'avez faite; car le ciel le sait, et vous avez pu le voir assez, combien je suis éloigné de désirer ce qui m'arrive.

Le Maire. Que le ciel vous conserve! nous le voyons, et nous aurons soin de le publier.

Glo. Milords, vous ne direz que la vérité.

Buck. Mon cœur est si plein, que les paroles peuvent à peine se faire jour. C'est à genoux que je veux exprimer les sentimens que m'inspire mon devoir. Vive notre souverain, Richard, roi d'Angleterre!

Glo. En vérité, cousin, vos paroles m'ont touché; je voudrais que vous pussiez les révoquer.

Buck. A présent il y aurait crime de haute trahison. Demain donc, seigneur, s'il plaît à votre majesté, le conseil donnera les ordres nécessaires pour votre sacre.

Glo. C'est-à-dire, si cela vous plaît; car c'est vous qui le voulez ainsi.

Buck. Demain donc nous viendrons pour accompagner votre majesté : maintenant nous prenons congé d'elle avec joie.

Glo. Adieu, mon cousin. Adieu, mes chers amis. Je vais reprendre mes pieuses occupations.

(*Ils sortent tous, excepté* GLOCESTER.)

Enfin, il s'est dissipé, ce rêve flatteur; l'ambition, comme un ami qui vient m'éveiller de bonne heure, écarte avec vivacité les rideaux de ma couche, et me crie d'une voix empressée que ce rêve est une réalité. Une couronne! Cette brillante récompense de l'audace et du génie! Ah! combien son éclat éblouit mon âme! Les moyens qu'il a fallu employer pour l'obtenir ne peuvent en ternir le lustre. On se fait adorer en inspirant la terreur, comme en inspirant l'amour, et la renommée s'acquiert par les actions criminelles, aussi bien que dans l'exercice des vertus. L'audacieux mortel qui brûla autrefois le temple d'Éphèse a laissé un nom plus durable que le pieux insensé qui bâtit cet édifice. — Paix! ma conscience! plus d'une existence doit être sacrifiée encore. Le sang doit conserver les couronnes qui ont été gagnées dans le sang.

(Il sort.)

ACTE QUATRIÈME.

SCÈNE I.

La Tour.

LA REINE, *le* PRINCE EDOUARD, *le* DUC D'YORK, *la* DUCHESSE D'YORK, *et* LADY ANNE.

Le Prince. De grâce, madame, ne me quittez pas encore, j'ai plusieurs plaintes à vous adresser.

La Reine. Hélas! et je ne puis satisfaire à la moindre de ces plaintes!

Le Prince. O ma mère, depuis que j'habite la Tour, mon repos est toujours interrompu par des songes effrayans, ou bien des nouvelles sinistres me réveillent en pleurs. A peine s'il m'est permis de recevoir la visite d'un ami; tous mes vieux serviteurs sont renvoyés; on les a remplacés par des hommes étranges et grossiers qui me traitent avec aussi peu de respect que s'ils étaient mes maîtres; et je crains même que bientôt ils ne me privent de vous.

La Duch. O plaintes déchirantes!

Lady A. Malheureux prince!

Duc d'Y. Cher frère, pourquoi pleures-tu ainsi? tu me feras aussi pleurer.

La Reine. Innocente candeur!

Le Prince. Je voudrais savoir seulement ce que desire mon oncle: si c'était la couronne, je la lui céderais bien volontiers pour qu'il me laissât libre de respirer en paix.

Duc d'Y. Quoi! mon oncle veut-il nous tuer, mon frère?

Le Prince. J'espère que non : nous ne l'avons jamais offensé.

La Reine. Je ne puis supporter leur situation. (*Elle pleure.*)

LORD STANLEY *entre.*

Stan. Madame, daignez me pardonner, si j'apporte à votre majesté de tristes nouvelles.

La Reine. A moi! encore de l'affliction! Milord, depuis long-temps nous désespérons de recevoir de bonnes nouvelles. De grâce, que savez-vous?

Stan. Mardi dernier, vos nobles parens, Rivers, Grey, et sir Thomas Vaughan, ont été publiquement décapités à Pomfret sur l'échafaud.

La Duch. O fatales nouvelles!

Le Prince. Mes pauvres oncles! je doute que mon tour soit éloigné.

Lady A. Le mien aussi viendra bientôt, je le crains.

La Reine. Eh! bien, tendons la gorge à ce tigre farouche, et que notre sang assouvisse sa rage. Mourons en déplorant chacun le malheur de son ami. Oh! j'ai bien prévu la ruine de notre maison! (*Elle pleure.*)

CATESBY *entre.*

Cat. (*à Lady Anne.*) Madame, le roi m'envoie prévenir votre majesté de se préparer à être couronnée demain : le conseil l'a décidé ainsi.

La Reine. Qu'entends-je, ô Dieu! soutenez mes forces!

Lady A. Hélas! j'en savais déjà quelque chose : mais je n'ai pu trouver le courage de vous l'apprendre.

Cat. Le roi désire aussi que votre majesté rende plus rares ses visites à la tour. Il m'a donné l'odre de vous accompagner au palais : il est impatient, madame, de vous revoir.

Lady A. Adieu donc, mes amis! et toi, malheureuse reine, pardonne-moi si je remplis un devoir qui t'outrage.

La Reine. Hélas, princesse infortunée, je n'envie pas ta gloire : je ne souhaite point que tu aies part à nos maux.

Cat. Madame!

Lady A. Je viens.

Cat. Suivrai-je votre majesté?

Lady A. Me suivre? Où? Pour être couronnée? Puissé-je être ointe d'un poison meurtrier, et puissé-je expirer avant que j'entende crier: vive la reine!

(LADY ANNE *sort avec* CATESBY.)

Stan. Prenez courage, Madame.

La Reine. Hélas! comment espérer encore? La mort nous suit de si près que bientôt elle doit nous atteindre!

Stan. Mon beau-fils, le comte de Richmond, est toujours en Bretagne; il voit d'un œil jaloux l'ambition de Glocester, et s'indigne de ses forfaits. Je vous conseille, madame, de fuir auprès de Richmond, et de lui demander aide, protection et vengeance. Il vous recevrait à bras ouverts, j'en suis sur.

La duch. d'Y. N'hésitez pas, madame, c'est le seul espoir que nous laisse le ciel.

La Reine. Disposez de moi comme vous l'entendrez; quelque changement qui advienne, notre situation sera toujours meilleure.

Stan. Je vous conseille aussi, Madame, d'emmener le plus tôt possible les jeunes princes dans quelque asile écarté, où vous soyez maîtresse.

Le Prince. De grâce, Madame, emmenez-moi d'ici; je n'y gouterais plus un instant de repos.

Duc d'Y. Ni moi, ma mère; — oh! je vous en prie, que je parte aussi!

La Reine. Allons, mes chers enfans, quittez ces

lieux où vous êtes sous les serres du faucon, qui n'attend que l'heure favorable pour vous déchirer.

BRACKENBURY *entre, un ordre à la main.*

Brac. J'en demande pardon à votre majesté ; mais les jeunes princes ne peuvent sortir de la tour sous aucun prétexte : et, sans une permission spéciale du roi, personne désormais ne les verra, quel que soit le degré de parenté.–Tout le monde doit se retirer.

La Reine. Je suis leur mère, monsieur! Quel autre que moi a-t-il le droit de leur donner des ordres? Si je sors librement, ils me suivront. Quant à ce qui vous concerne..... soyez tranquille, je prendrai sur moi votre faute et les suites qu'elle aurait pour vous.

Brac. Je voudrais vous être agréable, madame; mais je suis lié par serment, et je dois obéir : et même ma responsabilité se trouve déjà compromise par cette visite prolongée. (*à* STANLEY.) Voulez-vous bien lire ces ordres, milord?

La Reine. O puissances du ciel! Je ne puis donc rester avec eux?

Brack. Ce sont les ordres du Roi, madame.

La Reine (*à Stanlay*). Milord!

Stan. Ce n'est que trop vrai.—Toute résistance serait inutile.

La Reine. Dieu, soutiens mon courage! Mon âme ne peut supporter les angoisses de cette cruelle séparation. O mes pauvres enfans! ô pensée déchirante! je n'ose leur dire adieu, comme je le voudrais, et l'idée de les quitter sans parler me perce le cœur!

Le Prince. Quoi, ma mère, allez-vous nous quitter?

La Reine (*à part*). Que leur dirai-je? (*Aux enfans*). Oui, mes chers amis,—mais pas pour longtemps;—nous nous reverrons encore,—au moins dans le ciel.

Duc d'Y. Ne m'emmenez-vous pas, ma mère? J'aurai si grand'peur lorsque vous serez partie!

La Reine. Je ne puis leur répondre; et cependant il faut nous séparer.—Que cet embrassement serve d'adieu. O juste ciel! si c'était le dernier!

La Duchesse. Ne vous livrez pas à votre douleur,—abrégez vos adieux!

La Reine. Oui! il le faut!—Je les confie au ciel pitoyable. Ecoutez-moi, puissances célestes, qui protégez l'innocence! Pendant leur sommeil, à leur réveil... Oh! ne les abandonnez jamais! Que leur jeunesse sans défense excite toujours la pitié des hommes! Qu'un de leurs regards fasse tomber le poignard des mains du meurtrier repentant, et que lui-même expie à genoux la pensée du crime!

Les deux Princes. O ma mère! ma mère!

La Reine. O mes pauvres enfans!

(*Tous sortent.*)

SCÈNE II.

Le salon du palais.

GLOCESTER, *assis.*—BUCKINGHAM, CATESBY, RATCLIFF, *etc.*

Glo. Ecartez-vous tous. (*Ils sortent tous, excepté* BUCKINGHAM.) Cousin Buckingham!

Buck. Mon gracieux souverain?

Glo. Donne-moi la main;—c'est par tes conseils, et par ton aide que Glocester est enfin assis sur le trône d'Angleterre. Mais, dis-moi, cher cousin, ces grandeurs ne vivront-elles qu'un jour? Ou bien seront-elles durables; en jouirons-nous avec tranquillité?

Buck. J'espère qu'elles seront éternelles, sire;—puissent-elles être toujours votre partage!

Glo. O Buckingham! c'est en ce moment que je vais soumettre ton cœur à l'épreuve, et reconnaître si tu es un ami véritable. Le jeune Edouard vit ; son frère York respire aussi. Devine ce que je veux dire.

Buck. Parlez, mon souverain chéri.

Glo. Je te dis, cousin, que deux scorpions rampent dans mon chemin, et m'empêchent d'atteindre le but où j'aspire : quoique ta main dévouée les ait éloignés de moi, cependant ils se glissent encore et offensent ma vue. Je voudrais qu'un ami sincère les écrasât.–Je voudrais être roi, mon cousin.

Buck. Et vous l'êtes en effet, il me semble, mon royal maître.

Glo. Ah ! suis-je roi ? sans doute...... mais...... Edouard est en vie.

Buck. C'est vrai, mon souverain.

Glo. Cousin, tu n'avais pas ordinairement la conception si lente. Eh ! bien je parlerai sans détour. —Je désire la mort de ces bâtards, et je voudrais que ce fût terminé sur-le-champ. Me comprends-tu maintenant ?

Buck. Personne ne peut s'opposer aux désirs de votre Majesté.

Glo. En vérité ! il me semble, mon cousin, que ton amitié se refroidit. Tu me refuses donc ?–Ils ne mourront pas ?

Buck. Sire, comme c'est une action irréparable, accordez-moi un instant de réflexion. Je répondrai sur l'heure à votre majesté. (*Il sort.*)

Glo. Je me servirai d'agens moins clairvoyans. Quiconque examine mes actions avec des yeux si prudens, n'est plus mon homme ; — l'ambitieux Buckingham devint circonspect : ce qu'il y a de plus sage, c'est de me passer de lui. Il est peut-être tout aussi bien qu'il n'ait pas consenti : car alors le meurtre serait venu de lui et non de moi. Nous y pourvoirons.—Viens, Catesby, où est ce Tirrel dont tu m'as parlé un jour ? lui as-tu remis de l'or, comme je te l'ai ordonné ?

Cat. Oui, mon seigneur.

Glo. Remets-lui cet anneau, et dis-lui que tout-à-l'heure je lui donnerai mes ordres.

(Catesby *sort.*)

Ce profond penseur de Buckingham ne sera plus l'âme de mes conseils. Quoi! il a si long-temps suivi mes pas sans se lasser, et maintenant il s'arrête pour prendre haleine! Eh! bien soit.

Stanley *entre.*

Quelles nouvelles, Stanley?

Stan. J'apprends, sire, que le marquis de Dorsei est allé joindre Richmond, qui habite la Bretagne.

Glo. C'est bien; qu'il aille, milord: on peut l'épargner. Ecoute, Ratcliff. Quand as-tu vu lady Anne, la reine? est-elle toujours souffrante? mon médecin s'est-il rendu près d'elle?

Rat. Oui, sire; son état est inquiétant.

Glo. Mais le médecin est fort habile. Elle sera bientôt guérie.

Rat. Je l'espère, seigneur.

Glo. Si réellement elle guérit, je me serais trompé sur l'homme; il faut que j'épouse la fille de mon frère: je sais que le Breton Richmond prétend à sa main; cette alliance lui donnerait l'audace d'élever les yeux jusqu'à la couronne. Mais me couvrir du sang des frères, est-ce le moyen d'obtenir la main de la sœur? Et qu'importe? — Aussi long-temps qu'ils vivent, mon trône est placé sur des bases trop fragiles. C'en est fait; j'y suis résolu. — Ils sont morts.

Buckingham *entre.*

Buck. Mon prince, j'ai mûrement réfléchi à la proposition que vous m'avez faite.

Glo. Fort bien; n'en parlons plus. — Dorset a fui et s'est rendu chez Richmond.

Buck. C'est ce que je viens d'apprendre, sire.

Glo. Stanley, il est votre proche parent. — Veillez sur ses démarches.

Buck. Seigneur, je réclame le don que vous m'avez promis, et pour lequel vous avez engagé votre honneur et votre foi : le comté d'Hereford avec toutes ses dépendances, dont la possession m'est accordée.

Glo. Stanley, veillez aussi sur votre femme. Si elle entretient quelque correspondance avec son fils Richmond, vous m'en répondrez.

Buck. Que dit votre majesté sur ma juste demande ?

Glo. Je me rappelle à présent... Henri VI, lorsque Richmond n'était encore qu'un petit espiègle, a prédit que ce Richmond serait roi. – C'est bien étrange ! roi.... peut-être...

CATESBY *entre.*

Cat. Milord, j'ai exécuté les ordres de votre altesse.

Buck. Daignerez-vous prendre une résolution sur ma requête ?

Glo. Conduisez Tirrel dans mon cabinet : j'irai l'y trouver. (CATESBY *sort.*)

Buck. Milord, je sollicite un moment d'attention de votre altesse.

Glo. Je suis occupé. – Vous m'importunez. Je ne suis point en bonne disposition. (*Il sort.*)

Buck. Quelle patience il faut avoir, juste ciel ! Est-ce ainsi qu'il récompense mes services ? Est-ce pour cela que je l'ai fait monter sur le trône ? Ah ! si, dans la paix du tombeau, ceux qui ne sont plus se souviennent encore des outrages qu'ils ont reçus pendant leur vie, les âmes du malheureux Edouard, de Henri, de Clarence, de Hastings, et de tant d'autres victimes de sa perfidie sanguinaire, contempleront avec joie, du haut des cieux, la chute que se prépare le tyran. Ces infortunés souriront en voyant le monstre précipité du trône, périr sans obtenir un regret, en perdant comme eux la dernière goutte de son sang.

SCÈNE III.

Un appartement dans la tour.

TIRREL, DIGHTON *et* FOREST.

Tirrel. Venez, messieurs ; vous êtes-vous décidés sur les moyens à employer?

Forest. Les étouffer, cela ne fera point de bruit.

Tirrel. Que cela soit fait dans l'obscurité : car si vous pouviez voir les traits de ces enfans, qui sait à quel point le regard de l'innocence disposerait vos cœurs à la pitié? Arrêtez-vous ici. Lieutenant, avez-vous apporté les clefs?

BRACKENBURY *entre.*

Brack. Je les ai, monsieur.

Tirrel. Eh bien, voici le gage sur lequel vous avez l'ordre de les livrer. (*Il lui donne l'anneau.*)

Brack. Que signifie cela? Quoi! livrer les clefs de la tour au milieu de la nuit? Mais il ne m'appartient pas de raisonner. (*Il sort.*)

Tirrel. Messieurs, par ici; voilà votre chemin. (*Ils sortent tous.*)

GLOCESTER *entre.*

Glo. Je voudrais que cela fût terminé! Il y a au fond de notre âme quelque chose d'agité, dont une stupide habitude s'effraie, au moment où l'on médite des actes funestes. La nature elle-même, comme si elle connaissait ma faiblesse efféminée, fait vibrer les fibres de mon cœur, et sa voix me crie de renoncer à mon projet. Et puis, de penser à tout ce que pourront dire les hommes, à toutes les idées qu'ils vont se former! Et n'avoir personne qui m'aime pendant ma vie, ou qui chérisse un jour ma mémoire! Les races futures, quand elles apprendront l'histoire de ces enfans, répandront des larmes sur une si triste destinée : elles frémiront au récit des crimes de Glocester; elles me donneront le nom de monstre hideux, de tyran barbare et sanguinaire. Elles diront que, pour arriver au trône, j'ai foulé aux pieds toutes les lois divines et humaines. Eh bien! qu'elles disent tout cela! Il faudra bien qu'elles ajoutent qu'au moins je parvins à ce trône, et que je n'eus pas la maladresse d'être criminel en vain.

Tirrel *rentre.*

Eh bien, mon cher Tirrel, que sont devenus les enfans? Dis, mon bonheur est-il assuré? As-tu disposé d'eux?

Tirrel. Si l'exécution de l'ordre que vous m'avez donné peut assurer votre bonheur, alors, seigneur, soyez heureux : la chose est faite.

Glo. Mais les as-tu bien vus morts?

Tirrel. Oui, milord.

Glo. Et enterrés, mon cher Tirrel?

Tirrel. Sur ce point, j'ai cru devoir attendre le bon plaisir de votre altesse.

Glo. J'y suis. — Je veux être sûr de mon fait. — Procurez-moi un cercueil percé à jour; qu'ils y soient enfermés tous deux; et puis, écoute bien, pendant la nuit, jette-les dans la Tamise; là, ils trouveront leur chemin pour aller au fond. En attendant, vois comment tu désires que je te récompense, et sois sûr d'obtenir l'objet de tes vœux.

Tirrel. Je remercie humblement votre altesse.

Glo. Remplis exactement mon intention, cher Tirrel.

Tirrel. Comptez, milord, que la chose est faite.

(*Il sort.*)

Glo. Me voilà donc délivré de mes craintes les plus vives. Les fils d'Edouard sont allés jouir du repos éternel, et lady Anne, ma femme, a dit un éternel adieu à ce monde; tandis que ma nièce, la belle Elisabeth, brillante comme l'étoile du matin, est le point lumineux où se dirigent mes espérances.

CATESBY *revient.*

Cat. Seigneur !

Glo. Quelles nouvelles? sont-elles bonnes ou mauvaises? tu entres avec tant de précipitation?

Cat. Mauvaises nouvelles, seigneur : Morton est allé rejoindre Henri de Richmond; et Buckingham, secondé par les téméraires Gallois, a pris les armes : ses forces augmentent sans cesse.

Glo. L'alliance de Morton et de Richmond me donne plus de soucis que Buckingham et ses forces levées à la hâte. Mais, allons : le danger s'éloigne quand on va au devant de lui avec courage; l'hésitation n'est le partage que de l'impuissance et de la peur. Mon bras va s'armer, sans perdre un instant, pour retomber avec une force terrible sur la révolte qu'il va écraser. Passons la revue de nos troupes. Mon bouclier est mon seul conseiller : il faut agir avec promptitude, quand les traitres sont entrés en campagne. *(Tous sortent.)*

SCENE IV.

Une rue.

LA REINE *et la* DUCHESSE d'YORK *entrent.*

La Reine. Ah! mes pauvres enfans! — mes pauvres enfans! Aimables fleurs, arrachées avant d'être épanouies! Si vos ombres innocentes planent dans les airs et ne sont pas englouties dans l'Eternité, étendez sur moi vos ailes invisibles, et recueillez les gémissemens de votre mère! Où dormaient leurs anges tutélaires, lorsque le crime se commit?

La Duch. Tant de malheurs ont épuisé mes larmes, et ma langue, fatiguée de se plaindre, reste immobile et muette. Pourquoi la douleur serait-elle prodigue de paroles?

La Reine. Donnez-leur un libre cours. Si les paroles ne guérissent pas la douleur, au moins elles la soulagent.

La Duch. Eh bien! n'épargnons pas les reproches à Glocester! accablons-le de nos imprécations.
(*Fanfares Marche.*)

Ecoutez; j'entends les trompettes : Richard va venir.

La Reine. Hélas! je n'ose pas le braver!

La Duch. Moi, j'ai les droits d'une mère. — Je le forcerai bien à m'entendre.

GLOCESTER *entre, suivi de* CATESBY *et de soldats, Fanfares.*

Glo. Qui arrête ma marche?

La Duch. Ne me connais-tu pas? — N'es-tu pas mon fils?

Glo. Je vous demande pardon, madame.—Est-ce vous?

La Duch. Es-tu mon fils?

Glo. Sans doute; et j'en remercie le ciel, mon père et vous-même.

La Duch. Alors je t'ordonne de m'écouter.

Glo. Madame, je tiens de votre caractère; je ne puis soutenir l'accent du reproche

La Duch. Reste; je serai calme et modérée.

Glo. Soyez brève aussi, ma bonne mère, car le temps me presse.

La Duch. Combien de temps t'ai-je attendu moi, Dieu le sait, dans les tourmens et l'agonie!

Glo. Ne suis-je pas enfin venu au monde pour vous consoler de tant de douleurs?

La Duch. Non, sur mon âme! Tu ne le sais que trop; ta naissance fut pour ta mère un douloureux fardeau; ton enfance fut brusque et chagrine; ton adolescence audacieuse et farouche; l'âge ne t'a rendu que plus artificieux, plus féroce et plus sanguinaire!

Glo. Si ma vue vous est si odieuse, laissez-moi suivre mon chemin, et ne m'exposez pas à vous offenser.

La Duch. Arrête, je t'en conjure, écoute-moi.

La Reine. Écoute-moi aussi : mes malheurs n'ont pas besoin du secours de la langue : ils parlent eux-mêmes. — Il me semble que mon seul aspect devrait te pétrifier. Où sont mes enfans, Glocester?

La Duch. Où est ton frère Clarence?

La Reine. Où est Hastings?

La Duch. Et Rivers?

La Reine. Et Vaughan?

La Duch. Et Gray?

Glo. Sonnez, trompettes : que les tambours donnent l'alarme, pour que le ciel n'entende pas les langues profanes de ces femmes répandre des injures contre l'oint du seigneur! Sonnez, je le répète. (*Fanfares et tambours.*)

Ou parlez-moi avec égards, ou bien je saurai imposer silence à vos clameurs par les sons éclatans qui annoncent la guerre.

La Duch. Puissances du ciel, écoutez-moi, et soyez sourdes pour lui à son heure dernière, comme il refuse à présent de m'écouter! Ne souffrez pas qu'il revienne victorieux du combat; mais coupez la trame de ses jours funestes, avant qu'il n'ait amassé sur sa tête plus de crimes que l'enfer même n'en saurait punir! Que les désastres et la détresse te suivent sur le champ de bataille! Que les peines du cœur, que le désespoir pâle et décharné poursuivent tes pas, amenant à jamais sur leurs traces l'infernal tourment qui dévore les cœurs coupables! (*Elle sort.*)

La Reine. Quoique j'aie encore plus de causes de te maudire, je n'ai pas autant d'autorité sur toi. Je ne puis que me joindre aux vœux de la duchesse.

Glo. Restez, Madame; je voudrais vous adresser une prière.

La Reine. Que peux-tu me demander encore qu'il soit en mon pouvoir de te sacrifier? Un autre fils? Glocester, je n'en ai plus.

Glo. Vous avez une fille de la plus grande beauté, la princesse Elisabeth.

La Reine. Faut il qu'elle meure aussi?

Glo. A cause d'elle, vous recevrez de moi plus de bienfaits que jamais vous et les vôtres n'en avez souffert de maux. Ainsi votre âme irritée pourra plonger dans le fleuve d'oubli tous les souvenirs des malheurs dont vous me croyez la cause.

La Reine. Parle vite, de crainte que le récit de tes projets de bienfaisance ne dure plus longtemps que ta bonne volonté.

Glo. Apprenez donc que j'aime votre belle Élisabeth, de toute mon âme, et que, si vous y consentez, je la ferai monter sur le trône d'Angleterre.

La Reine. Hélas! présomptueux, comment pourras-tu lui plaire?

Glo. C'est ce que je désirerais apprendre de vous, comme étant celle qui connaissez le mieux son caractère.

La Reine. Si tu veux l'apprendre de moi, envoie lui, par l'homme qui a tué ses frères, deux cœurs sanglans, où tu auras fait graver les noms d'Edouard et d'York. — Peut-être cette vue fera couler ses larmes : offre-lui alors, pour essuyer ses tristes yeux, un mouchoir trempé dans leur sang. Si ce présent ne la détermine pas à t'aimer, qu'elle lise le récit de tes nobles actions : raconte-lui ta conduite envers ses oncles, Clarence, Rivers et Gray : dis-lui encore que c'est pour l'amour d'elle que tu viens de te défaire de lady Anne, sa tante chérie.

Glo. Vous vous moquez de moi, madame; ce n'est pas là le moyen de gagner le cœur de votre fille.

La Reine (*à part.*) Que lui dirai-je? — Je crains d'irriter son amour et de l'exciter à la vengeance; je me détesterais moi-même si j'accueillais sa demande : je feindrai de l'écouter, et j'instruirai Richemond du projet de Richard. Ainsi je gagnerai du temps, et je parviendrai à faire échapper ma fille. (*A Glocester.*) J'ai réfléchi, sire, à votre proposition. Si je pouvais croire à votre sincérité.....

Glo. Je jure par les saints.....

La Reine. Oh! ne jurez pas, seigneur! je ne vous demande pas de serment, à moins que ma fille ne se défie de vous plus que moi.

Glo. Ah! ma tendre mère (car c'est le nom qu'il faut que je vous donne), plaidez ma cause auprès d'elle : peignez-lui ce que je serai désormais, non pas ce que j'ai été : ne lui parlez pas de mon mérite actuel, mais de celui que je veux acquérir. Et dès que mon bras aura châtié le rebelle Buckingham, je viendrai, orné des guirlandes de la Victoire pour conduire en triomphe votre fille au lit d'un vainqueur.

La Reine. Adieu Milord.—Vous apprendrez dans quelques jours le succès de mes efforts. Soyez aussi heureux que vous êtes repentant.

Glo. Mon cœur vous accompagne et vole près de celle que j'aime. Adieu. (La Reine *sort.*)

O femme inconstante et facile à séduire !

Ratcliffe *entre.*

Hé bien! quelles nouvelles!

Ratcliffe. Mon gracieux souverain, une flotte puissante cotoye les provinces de l'Ouest, et nous craignons que Richmond n'en soit l'amiral : elle tient la mer, n'attendant que le jour où Buckingham se présentera sur le rivage, pour l'accueillir et l'aider. (*Il sort*).

Glo. Il faut donc chercher à le prévenir. Venez ici, Catesby.

Cat. Quel est le bon plaisir de mon seigneur?

Glo. Envoyez en toute hâte un message au duc de Norfolk : invitez-le à lever sur-le-champ toutes les forces dont il peut disposer, et qu'il vienne me rejoindre à Salisbury. Saluez sa grâce de ma part Allez. (Catesby *sort*.

LORD STANLEY *arrive*.

Eh bien, Mylord, quelles nouvelles avez-vous recueillies?

Stan. Richmond est en mer, seigneur.

Glo. Puisse-t-il y être englouti! Et que prétend ce lâche renégat?

Stan. Je n'en sais rien, Sire; je ne puis que faire des conjectures.

Glo. Eh bien! voyons ces conjectures?

Stan. Je pense que Richemond excité par Buckingham, Dorset et Morton, aborde en Angleterre pour réclamer la couronne.

Glo. La couronne! Traître! Où sont tes forces pour le repousser? Où sont tes vassaux, tes soldats? L'ennemi est sur les côtes, et tu ne te disposes pas à rassembler tes amis pour s'opposer à lui? Ou bien ne les as-tu point dirigés sur la côte occidentale pour seconder la descente des rebelles?

Stan. Seigneur, tous mes amis sont prêts dans le Nord.

Glo. Dans le Nord! Eh! que font-ils dans le Nord, lorsqu'ils devraient servir leur souverain dans l'ouest?

Stan. Jusqu'à présent, Sire, ils n'en ont pas reçu l'ordre: si c'est le bon plaisir de Votre Majesté, je vais les rassembler sur-le-champ, et je la rejoindrai au temps et dans le lieu qu'il lui plaira de me prescrire.

Glo. Quoi! tu veux déjà partir pour te joindre à Richemond?

Stan. Sire, vous n'avez aucune raison de douter de ma loyauté; jamais je ne fus, et jamais je ne serai un traître.

Glo. Va donc rassembler tes amis, et viens me retrouver... Attends.... Écoute! Je ne me fie pas à toi. J'ai pensé à un moyen de m'assurer ta foi. — Milord, vous me laisserez votre fils George Stanley. Songez à me rester fidèle; sinon, sa tête ne tient qu'à un fil.

Stan. Agissez avec lui, seigneur, comme j'agirai avec vous. (*Il sort.*)

RATCLIFFE *entre.*

Rat. Seigneur, l'armée du puissant Buckingham est à demi détruite et dispersée, par un violent orage, et des débordemens inattendus. Il est lui-même errant, sans que l'on sache en quel endroit.

Glo. Quelqu'officier sage a-t-il eu soin de proclamer une récompense pour celui qui m'amènera le traître?

Rat. La proclamation a été publiée, seigneur.

CATESBY *entre.*

Cat. Noble souverain, le duc de Buckingham est pris.

Glo. Qu'on lui tranche la tête! – Voilà qui est fini; il n'est plus question de Buckingham......

Cat. Sire, je suis fâché d'avoir d'autres nouvelles à vous apprendre.

Glo. Quelles sont-elles?

Cat. Le comte de Richmond, avec des forces considérables, est débarqué à Milford. De plus, le marquis Dorset et sir Thomas Lovell se sont soulevés dans la province d'York.

Glo. Ah! Voilà de la rebellion! – Allons! mon cheval! – Par le ciel, ces nouvelles ont ému mon âme courageuse. Viens, ma bonne épée; je te le jure ici, par mes espérances futures, tu ne rentreras dans le fourreau, et mes yeux vigilans ne goûteront du repos, que lorsque la mort les aura fermés, et que je serai dans une glorieuse tombe, ou bien quand la fortune m'aura donné les moyens de me venger! (*Il sort.*)

ACTE CINQUIÈME.

SCENE I.

La Campagne.

RICHMOND *entre*, *avec* SIR W. BRANDON, SIR R. BRACKENBURY, OXFORD, BLUNT, *etc.*

Richm. Nous voici parvenus sans obstacle jusques dans le sein de l'Angleterre. Glocester, ce sanglier féroce et sanguinaire, dont l'insatiable faim a ravagé vos campagnes et qui a fait de ce riche et fertile pays un vaste désert, en détruisant l'espoir de vos enfans, ce monstre est actuellement au centre de l'île, près de la ville de Leicester. De Tamworth à son camp, il n'y a qu'une journée de marche : je reçois ici, de mon beau-frère Stanley, des avis consolans et bien propre à nous encourager. Allons, braves amis, volons avec allégresse cueillir les moissons d'une paix éternelle, ou mériter la renommée, plus durable encore, qui suit un combat glorieux.

Oxf. Vos paroles, Milord, enflamment nos guerriers, qui d'abord avaient jeté un regard de découragement sur le nombre supérieur de nos ennemis.

Richm. Fussent-ils le double, la justice de notre cause nous donnera la force de les vaincre. Il est trois fois armé, celui dont la cause est juste : et quoique bardé de fer et d'acier, il se trouve nu celui dont la conscience est souillée d'injustices : Glocester sera écrasé sous le seul poids de ses crimes.

Brack. Je ne doute pas que ses meilleurs amis ne se joignent bientôt à nous.

Oxf. Il n'a d'amis que ceux que retient la crainte.

Richm. Et nous, nous n'avons d'autres ennemis

que les ennemis du ciel. Ainsi, n'en doutez pas le ciel est pour nous. — Allons mes amis. L'espérance légitime ne se fatigue jamais; elle vole avec des ailes d'aigle : des rois elle fait des dieux, et de sujets elle fait des rois. (*Ils sortent.*)

SCENE II.

La plaine de Bosworth.

GLOCESTER *entre avec* NORFOLK, RATCLIFFE, *etc.*

Glo. Plaçons ici notre tente, dans la plaine de Bosworth : mon cher Norfolk, votre empressement à m'amener du renfort mérite toute ma gratitude.

Nor. Je trouve ma récompense, sire, dans la possibilité de servir mon souverain.

Glo. Je vous remercie, Milord — Qu'on dresse ma tente; je passerai ici la nuit.–Mais où la passerai-je demain? Eh! qu'importe!—Quelqu'un de mes bons amis a-t-il reconnu le nombre des rebelles ?

Nor. Si le rapport de mes émissaires est exact, le nombre se monte à six ou sept mille hommes tout au plus.

Glo. Notre armée est donc trois fois plus nombreuse. D'ailleurs, le nom et la présence du Roi forment un rempart invincible que n'a point le parti rebelle.

Nor. Il leur manque encore bien des choses, Sire; ils n'ont ni force, ni vie, ni courage. — Si vous saviez combien l'aspect de leurs troupes est misérable ! — c'est un ramas de montagnards en lambeaux, pauvres, affamés, de véritables épouvantails! Leurs bourreaux, les voraces corbeaux volent sur leurs têtes, impatiens de se repaître de cette maigre proie !

Glo. Par Saint-Paul, nous leur enverrons de la nourriture et des vêtemens! Allons qu'on donne de la pâture à leurs chevaux habitués au jeûne, et nous les battrons ensuite. — Jusques à quand faudra-t-il attendre que ces insensés nous procurent l'occasion de leur abattre la tête?

Nor. A moins que la famine n'épargne ce travail à nos épées, le soleil de demain éclairera leur perte; j'ai appris qu'ils livreraient bataille tout de suite.

Glo. Le plutôt, sera le mieux. — Venez, Milords, venez reconnaître les meilleurs positions du terrain. Qu'on appelle quelques officiers expérimentés.

Nor. Mon gracieux souverain...

Glo. Que veux-tu, Norfolk?

Nor. Oserais-je offrir à votre majesté un moyen d'épargner le sang que l'on répandra demain?

Glo. Quel est-il, Milord?

Nor. La triste situation des rebelles me persuade que si on offrait le pardon et la vie à tous ceux, qui à l'instant, mettraient bas les armes, le jeune Richmond, au lever de l'aurore, se trouverait absolument seul.

Nor. C'était, en effet, la méthode de Henri VI; elle ne contribua qu'à faire de son règne une époque de troubles. Non, je veux être Monarque, en dépit des hommes; non, laissons la clémence aux rois qui tremblent... Je ne veux que la vengeance.
(*Il sort.*)

SCENE III.

Un bois.

Richmond *entre*, *avec* Oxford *et* Blunt.

Richm. Le soleil fatigué de sa course, l'a terminée par un coucher brillant, et la trace dorée que son char de feu laisse sur les nuages, annonce un beau jour pour demain. Vous, William Brandon, vous porterez mon étendard. Voici le plan quó j'ai tracé de la bataille; j'ai réglé sur de justes proportions le partage de notre petite armée : chacun y verra son poste et ses fonctions. Milord d'Oxford, vous, sir Walter Herbert, et vous, sir William Brandon, restez avec moi. Le comte de Pembroke commandera son régiment.

UN OFFICIER *entre.*

L'Off. Seigneur, un gentilhomme, qui se nomme Stanley, désire être admis en votre présence.

Richm. Par mes plus chères espérances ! mon noble beau-père ! — Faites-le entrer. — Mes bons amis laissez-nous un moment.

LORD STANLEY *entre.*

Mon digne père ! sur mon âme, la joie de vous voir ici cette nuit surpasse mes espérances ! — Quelles nouvelles ?

Stan. Je viens te bénir de la part de ta mère, qui ne cesse de demander au ciel le bonheur de Richmond ; la reine aussi a consenti, avec des larmes de joie, à te donner pour épouse sa fille Elisabeth, à laquelle le tyran Richard aspire en secret. En un mot (car chaque instant passé près de toi expose ma vie) fais tes dispositions pour livrer bataille demain de bonne heure ; la situation des affaires l'exige ; et sois sûr qu'au premier moment où je pourrai me soustraire à certains yeux, je viendrai te secourir dans cette attaque douteuse ; je serais venu déja depuis longtems ; mais la vie de ton jeune frère George (que le féroce Glocester a gardé comme otage de ma foi) aurait été aussitôt sacrifiée à sa vengeance. Adieu ! l'impérieuse nécessité qui me presse, m'empêche de te renouveler ces vœux d'affection que voudraient répéter des amis après une si longue séparation.

Richm. Nous nous reverrons, milord.....

Stan. Jusqu'à ce moment, encore une fois Adieu ! Sois ferme et victorieux ! (*Il sort.*)

Richm. Escortez-le jusqu'à son quartier. Allons, milord, demain sera une laborieuse journée. Les heures de la nuit se sont presque toutes écoulées pendant le conseil ; capitaine, éveillez-moi une heure avant le lever du soleil. Je veux me rendre en personne à chaque tente, et animer de bonne heure mes soldats. (*Ils sortent.*)

SCENE IV.

La plaine de Bosworth.

GLOCESTER *entre avec* RATCLIFFE, NORFOLK *et Catesby.*

Glo. Catesby!

Cat. Seigneur?

Glo. Envoyez un sergent d'armes au quartier de Stanley.–Qu'il lui porte l'ordre de m'amener toute sa troupe avant le lever du soleil, s'il ne veut pas que son fils George paye de sa tête un coupable délai.–La visière de mon casque est-elle plus commode qu'elle n'était?–Toute mon armure est-elle dans ma tente?

Cat. Oui, sire, tout est prêt.

Glo. Cher Norfolk, rends-toi à ton poste. Fais une garde vigilante. — Choisis des sentinelles fidelles.

Nor. Comptez sur moi, seigneur.

Glo. Sois aussi matineux que l'alouette, cher Norfolk.

Nor. Oui, sire. (*Il sort.*)

Glo. Que l'on selle mon cheval Surry, pour la bataille de demain. —M'as-tu préparé de l'encre et du papier?

Cat. Oui, seigneur.

Glo. A une heure après minuit, tu viendras dans ma tente pour m'aider à revêtir mon armure.— Bonsoir mes amis. (*Il sort.*)

Cat. Il me semble que le roi n'a point cette alacrité d'esprit, cette gaîté qui lui sont ordinaires.

Rat. C'est l'effet de la préoccupation. Vous le

trouverez un tout autre homme sur le champ de bataille, lorsque vous le verrez, le casque en tête, prêt à monter son impatient coursier, dont il caresse les flancs bien nourris pour chercher à le calmer; il sourit et paraît s'entretenir gaîment avec l'impétueux animal. Bientôt, d'un seul mouvement, il s'élance sur la selle, léger comme l'air, bouillant comme le dieu Mars; sa vue inspire la terreur aux ennemis, à ses soldats le courage.

Cat. Bonsoir à Richmond, en ce cas; j'ai entendu dire que ses soldats sont si peu nombreux, si malades et si affamés par leur marche, que s'il ose nous attaquer, il sautera dans la mer pour calmer sa fièvre.—Allons; il se fait tard. Rendons-nous à nos tentes. Dans peu d'heures, la trompette nous appellera. (*Ils sortent.*)

SCÈNE V.

La tente de Glocester.

Glocester *sort de sa tente.*

Glo. Le calme de la nuit règne autour de moi, et la moitié de l'univers est plongée dans le silence des ténèbres solennelles. Tandis qu'éprouvant les rigueurs du sommeil qui me fuit, je ne puis l'attirer sur ma couche solitaire, en lui offrant l'hommage de mes travaux et de mes pénibles pensées. Les étoiles s'éteignent, comme si elles étaient fatiguées d'avoir trop long-temps veillé. Je veux sortir et marcher quelques instans. L'air est frais, et l'herbe nouvellement fauchée répand un parfum salutaire et doux. Que cette obscurité est imposante! D'un camp à l'autre, le tumulte des deux armées se fait entendre dans le lointain; les sentinelles reçoivent le mot d'ordre mystérieux, qui circule de poste en poste. Les coursiers se répondent par de belliqueux hennissemens, qui interrompent le repos lugubre des campagnes. Les écuyers terminent les armures : on entend résonner le marteau qui achève les préparatifs du combat. Quelques hommes, assis en victimes dévouées près des feux allumés, réfléchissent aux dangers qui les menacent. Par le ciel, mon impatience accuse la marche trop lente de cette nuit, qui ne s'avance que d'un pas inégal et chancelant, comme une horrible sorcière. Je vais regagner mon lit, pour essayer de dormir jusqu'au matin. (*On entend un gémissement*). Que veut cette voix sinistre? Est-ce l'écho d'une tombe qui s'entr'ouvre et d'où sort un spectre inattendu? Il n'y a plus rien. Ce n'était que l'effet de mon imagination troublée, ou peut-être le vent qui soufflait dans le creux de quelque caverne. N'importe; je sens que mes paupières s'appesantissent.

(*Il s'endort.*)

L'OMBRE DU ROI HENRI VI.

Le roi Henri. O toi, dont les cruelles pensées ne peuvent élever dans ton âme les terreurs que devraient t'inspirer tes crimes; toi dont la conscience finit par s'endormir avec ton corps fatigué, dors; tandis que moi, par un juste décret du ciel, je saurai te réveiller dans des songes terribles. Fixe tes idées en me regardant : voici ces plaies palpitantes dont ta main meurtrière, dans la tour de Londres, osa couvrir des membres consacrés par l'onction sainte. Puisse ta conscience te ronger le sein et venger le meurtre qui me fit périr lâchement.

L'OMBRE DE LADY ANNE.

Lady A. Pense aux malheurs de ton épouse! même au milieu de la bataille souviens-toi de moi, et laisse tomber ton épée sans force! — Désespère et meurs!

Les OMBRES *du* PRINCE EDOUARD *et du* DUC d'YORK.

Le Prince. Richard, que tes rêves te présentent

les ombres de tes jeunes neveux, assassinés dans la tour! Notre jeunesse, notre innocence n'ont pu décider ton cœur barbare à nous laisser la vie! à nous, qui, sans ta perfidie, aurions pu jouir d'une longue suite de jours heureux! Il n'y a personne, excepté toi, qui n'ait plaint notre infortune. Oh! c'était un crime horrible. Aussi tu mourras délaissé; tu fus sans pitié : la pitié te sera refusée.

Le Roi H. L'aurore me rappelle. Eveille-toi, Richard, et que l'enfer soit dans ton cœur criminel : puisse le farouche désespoir, qui maintenant déchire et dévore ton âme, alarmer l'univers! Réveille-toi, Richard, réveille-toi. Donne aux âmes coupables un exemple terrible!

Glo. Donnez-moi un cheval!..... Bandez mes plaies.... Ciel! aie pitié de moi! Non.... ce n'est qu'un rêve, mais un rêve si terrible, que j'en ai l'âme ébranlée. Une froide sueur couvre mon corps tremblant; mon sang est glacé; je frémis d'horreur! O conscience lâche et tyrannique! comme tu me tourmentes! Quand je regarde en arrière, le passé m'épouvante; je ne puis en supporter l'idée; et je n'ose me repentir. Mais je suis homme enfin. Destin! tu peux disposer de moi. Qui est là?

(*Il se lève.*)

CATESBY *entre.*

Cat. C'est moi, seigneur. Le coq matineux du village voisin a déjà salué trois fois l'aurore. Vos amis sont debout, et se hâtent de s'armer.

Glo. O Catesby! j'ai eu cette nuit des rêves effrayans!

Cat. Pures visions, seigneur! indignes de l'attention d'un soldat.

Glo. Non, sur ma vie; les ombres que j'ai vues cette nuit ont jeté plus de terreur dans l'âme de Richard, que ne pourraient faire dix mille soldats réels armés de pied en cap, et conduits par l'étourdi Richmond.

Cat. Revenez à vous, mon noble maître : si l'on

savait à quel point un rêve vous épouvante, songez à ce qu'en penseraient vos ennemis acharnés.

Glo. Périsse cette pensée! – Non : il ne sera jamais dit que le destin lui-même ait pu intimider l'âme de Richard! – Loin de moi, rêves importuns! vous me menacez en vain. Retire-toi, conscience! Richard redevient lui-même! (*Fanfares*). Ecoute! la trompette éclatante sonne le boute-en-selle. – Retire-toi! mon âme est cuirassée, et pleine d'ardeur pour le combat.

(*Ils sortent.*)

SCÈNE VI.

Un bois.

RICHMOND *entre avec* OXFORD, SIR W. BRANDON, SIR W. BRACKENBURY, BLUNT, SOLDATS, *etc.*

Richm. Halte!

Un officier. Halte. – Halte!

Richm. Quelle heure est-il, mes amis?

Oxf. Il est près de quatre heures, milord.

Richm. C'est bien. Je vois à présent que nous sommes matineux.

Oxf. Il me semble que l'ennemi est moins avancé que nous ne le pensions. Malgré notre fatigue, nous arrivons avant lui au champ de bataille.

Richm. Tant d'empressement prouve le courage. Si des rêves pouvaient enflammer une âme résolue, je me réjouirais de ceux que j'ai eus cette nuit. J'ai cru voir les ombres de tous les infortunés que Richard a fait massacrer. Il me semblait qu'elles entraient dans ma tente, et qu'elles m'excitaient à les venger.

Oxf. C'est un heureux présage, seigneur.

(*Fanfares. – Marche dans le lointain.*)

Ecoutez la trompette de l'ennemi! Elle appelle au combat!

Richm. Alors, mes amis, faisons face à l'armée. Pendant la paix, rien ne convient mieux à l'homme qu'une conduite sage et modérée. Mais, lorsque la tempête des guerres souffle sur nos têtes, soyons de vrais tigres, et n'écoutons que notre impétuosité. Pour moi, si je succombe, la rançon qui paiera l'audace de mon entreprise, sera ce corps gisant inanimé sur la froide terre du champ de bataille; mais si je réussis, le dernier de vous tous recueillera sa part des fruits de ma victoire. — Avancez vos étendards; tirez vos vaillantes épées; sonnez trompettes; battez tambours. Courage et confiance! (*Fanfares.*) Saint-Georges, Richmond et victoire! (*Ils sortent.*)

GLOCESTER *entre avec* CATESBY.

Glo. Qui a vu le soleil ce matin?

Cat. Il n'a pas encore paru, seigneur.

Glo. Il dédaigne apparemment de se montrer. — Car, d'après la saison, il devrait luire à l'orient depuis plus d'une heure. Point de soleil aujourd'hui! Et que m'importe à moi plus qu'à Richmond? Le même ciel qui me menace est menaçant aussi pour lui.

NORFOLK *entre un papier à la main.*

Nor. Aux armes, seigneur! L'ennemi est dans la plaine.

Glo. Hâtons-nous, hâtons-nous! caparaçonnez mon cheval; allez vers Stanley; donnez-lui ordre d'amener ses troupes. Je conduirai moi-même mes soldats dans la plaine. (CATESBY *sort.*)

Eh! bien, Norfolk, que penses-tu maintenant?

Nor. Que nous remporterons la victoire. — Mais j'ai trouvé ce matin ce papier dans ma tente.

Glo. (*lisant.*) *Jockey de Norfolk, pas trop d'audace; car ton maître Richard est acheté et vendu.* Faible stratagème de l'ennemi! Allons, amis, que chacun se rende à son poste. Avant que de monter nos coursiers écumans, rappelons-nous à quels hommes nous avons affaire. A un ramas de vauriens, l'écume de la Bretagne; à des misérables que la terre surchargée vomit de son sein, et pousse à des aventures désespérées et à une ruine certaine.

CATESBY *entre.*

Que dit lord Stanley? amène-t-il ses soldats?

Cat. Seigneur, il refuse de marcher.

Glo. Qu'on tranche la tête à son fils George.

(*Une marche.*)

Nor Milord, l'ennemi a passé le marais.—Remettez l'exécution du jeune Stanley après la bataille.

Glo. Soit. Qu'il meure après la bataille. Mon sein est animé par le courage que possèderaient mille braves. Archers, tendez vos arcs jusqu'à l'extrémité; faites sentir l'éperon à vos nobles coursiers; que leurs pieds soient baignés de sang. Et toi, notre valeureux patron St. Georges, inspire-nous la rage du lion! En avant.—A l'ennemi! Suivez-moi. (*Ils sortent.*)

GLOCESTER *rentre.*

Glo. Holà! ho! jeune Richmond! Richard t'appelle! Je te hais, Henri; je hais en toi le sang de Lancastre! Si tu oses te montrer devant mon epée, tandis que la trompette sonne l'alarme, et que les cris des mourans percent l'air, Richmond, je te le repète, avance et viens me combattre! Richard s'est enroué à t'appeler au combat. (*Il sort.*)

CATESBY *et* NORFOLK *entrent.*

Cat. Du renfort! du renfort! Milord Norfolk, hâtez-vous! Le roi fait des prodiges de valeur au dessus des forces humaines. Intrépide, il brave tous les dangers. Son cheval est tué; maintenant à pied, il cherche Richmond jusques dans le sein de la mort. Du secours, milord : tout nous est contraire. (*Ils sortent.*)

GLOCESTER *entre avec* RATCLIFF.

Glo. Un cheval ! mon royaume pour un cheval !

Rat. Par ici, par ici, seigneur ! – Derrière ce buisson vous trouverez un rapide coursier. – Retirez-vous seigneur : notre perte est certaine : retirez-vous, la fuite seule peut vous sauver.

Glo. Lâche ! j'ai joué ma vie sur un coup de dé, et j'affronterai toutes les chances du hasard. – Je crois, en vérité, qu'il y a six Richmond sur le champ de bataille ! j'en ai déjà tué cinq : il en reste encore un ! un cheval ! un cheval ! mon royaume pour un cheval !

RICHMOND *entre.*

Glo. La dernière heure de l'un de nous deux est arrivée !

Richm. Ciel favorable ! je te remercie ! ma cause est la tienne. Si Richard mérite de vivre, permets que Richmond meure.

Glo. Je pourrais applaudir à ta bravoure, Henri, si, la tache de la rébellion ne souillait en toi la gloire du soldat.

Richm. Ta valeur, Richard, obtiendrait mes éloges, si tes crimes n'avaient empreint sur ton front le nom de tyran. Que mon épée soit victorieuse, comme elle est appelée à venger la cause du ciel.

Glo. Mon corps et mon âme sont tout à ce combat.

Richm. Terrible gageûre ! voici de quoi la gagner.

(*Ils se battent. Glocester tombe.*)

Glo. Que ton bras soit maudit ! tu m'as vaincu. Mais la haute renommée que tu viens d'acquérir en fesant tomber Richard, me tourmente bien plus que cet instant fatal où mon corps et mon âme se séparent. Que le monde ne soit plus un théâtre d'interminables discordes réduites aux langueurs d'un seul acte ; mais puisse l'esprit du premier né des fils d'Adam régner dans tous les hommes. Que tous les cœurs se consument dans de sanglantes querelles ; et que bientôt cet horrible spectacle finisse dans les ténèbres universelles, qui servent de funérailles au genre humain. (*Il meurt.*)

OXFORD, LORD STANLEY *et les* SOLDATS *apportent la couronne du roi* RICHARD.

Richm. Soyez les bien venus, mes amis ; mon noble beau-père soyez le bien venu ! Le ciel et nos armes soient loués ! La victoire est à nous ! le cruel Richard n'est plus !

Stan. Vaillant Richmond, vous avez bien rempli votre tâche. Voici la juste récompense que vous accorde le ciel. Parmi les glorieuses dépouilles du champ de Bosworth, nous avons trouvé cette couronne ; elle vous appartient : elle est à vous par le droit de conquête, et par le choix de vos sujets. Vive Henri sept, roi d'Angleterre ! (*Fanfares.*)

Richm. Après le ciel, c'est à vous, mes nobles compatriotes, que je dois des remercimens. Je suis fier de votre attachement, c'est en vous gouvernant bien que je vous prouverai ma reconnaissance. Mais dites-moi, milords, quels sont les amis que nous avons perdus ? Le jeune Stanley existe-t-il encore ?

Stan. Oui, seigneur, il est en sûreté dans la ville de Leicester, où, si vous le voulez, nous nous rendrons dès-à-présent.

UN OFFICIER *entre.*

L'Off. Milord, la Reine et la belle Elisabeth, sa fille, sont à quelques milles d'ici ; elles viennent vous féliciter sur votre victoire.

Richm. Oh ! voilà une douce récompense de mes peines ! Allons à leur rencontre, Milords..... Ensuite, comme nous sommes déjà liés par des sermens solennels, nous entrelacerons la rose rouge et la rose blanche, et toutes deux fleuriront réunies sur la même tige. Trop long-temps l'Angleterre a été dans le délire, et s'est déchirée elle-même. Le frère versait aveuglément le sang de son frère; le père massacrait sans pitié son propre fils, et le fils était forcé de tuer son père. Qu'aujourd'hui Henri et Elisabeth, légitimes héritiers des deux Maisons royales, s'unissent ensemble et guérissent ces maux cruels! Et qu'ils soient détestés de tout le genre humain, les pervers qui chercheraient à ramener ces jours de larmes et de sang! Que jamais ils ne jouissent de la prospérité toujours croissante du royaume, ceux dont la trahison voudraient encore troubler la paix de notre belle Angleterre!

FIN.

EN VENTE.

HAMLET, tragédie.
ROMÉO ET JULIETTE, tragédie.
OTHELLO, tragédie.
JANE SHORE, tragédie.
VENISE SAUVÉE, tragédie.
LE ROI LEAR, tragédie.

SOUS PRESSE.

MACBETH, tragédie.

Chacune des pièces qui doivent composer cette Collection paraît, autant que possible, le jour de la première représentation. Elles sont publiées en anglais, en français séparément, et en anglais et français, réunis en regard dans le même volume.

On trouve chez le même Libraire :

Collection des Journées mémorables de la Révolution française, 11 vol. in-32. Prix : 15 f. 40 c.
On vend chaque journée séparément : 40 c.

www.ingramcontent.com/pod-product-compliance
Lightning Source LLC
LaVergne TN
LVHW012359220826
846092LV00002B/561

* 9 7 8 2 3 2 9 6 8 8 7 7 0 *